더 나은 사람들의 역사

더 나은 사람들의 역사

초판 1쇄 발행 | 2018년 4월 17일

지은이 | 아리 투루넨
옮긴이 | 최성욱
펴낸이 | 김형호
펴낸곳 | 아름다운날
출판 등록 | 1999년 11월 22일
주소 | (121-837) 서울시 마포구 서교동 351-10 동보빌딩 202호
전화 | 02) 3142-8420
팩스 | 02) 3143-4154
E-메일 | arumbook@hanmail.net
ISBN 979-11-86809-57-0 (03190)

이 도서의 국립중앙도서관 출판예정도서목록(CIP)은 서지정보유통지원시스템 홈페이지(http://seoji.nl.go.kr)와 국
가자료공동목록시스템(http://www.nl.go.kr/kolisnet)에서 이용하실 수 있습니다.(CIP제어번호: CIP2018010975)

더 나은 사람들의 역사

아리 투루넨 지음 | 최성욱 옮김

아름다운날

진심으로 축하드립니다. 아마 이 책은 여러분이 지금껏 본 책 가운데 최고의 책일 것입니다. 이 책은 기막히게 시사적이며, 심도 있고 재미있을 것입니다. 이 책이 세계적으로 성공을 거둔다고 해도 전혀 놀라운 일이 아닐 것입니다. 이 책은 책 읽는 저녁을 영감으로 충만한 활기찬 시간으로 바꾸어 놓을 것이고, 문화나 세계에 대해 여러분이 가져왔던 경직된 관념을 뒤흔들어 놓을 것입니다.

다른 많은 사람들과 마찬가지로 저도 원래 오만한 사람이었습니다.

16살 때 할아버지께 인생에 대해 많이 알고 있다는 건방진 말을 했다가 할아버지의 눈 밖에 난 적이 있으니까요. 그때 할아버지께서 제게 해준 훈계는 고리타분한 것이었습니다. "꼬맹아, 너는 인생에 대해서 아무것도 몰라." 경험은 사람을 현명하게 만든다고 합니다. 과연 그럴까요? 나이를 먹으면서 제가 변했을까요? 지금 제가 부모님과 이성적으로 대화를 나눌까요? 제가 부모님 말씀을 잘 들을까요? 그것 보세요. 오만함은 나이와 상관없습니다.

　세상에서 가장 하기 힘든 일은 자신의 우매함을 인정하고 스스로 털어놓는 일입니다. 다른 사람들이 해주는 충고는 거슬리는 법입니다. 우리 가운데 아주 소수만이 여러 심리 테스트가 창조성과 지능에 대해 진단해 주는 것을 그대로 받아들입니다. 피드백을 받아들이는 일은 나이와 상관없이 모두에게 쉽지 않습니다.

　오만함은 늘 사람들을 오판하게 만듭니다. 동료를 평가할 때 오로지 외모나 기타 다른 개별적인 특징으로만 평가하는 사람들이 얼마나 많습니까? 또 얼마나 많은 사람들이 오로지 직업이나 학벌 그리고 사회적 지위로만 다른 사람들을 평가합니까?

　인간이 달에 발을 디디고 게놈 지도를 연구하고 있긴 하지만 다른 사람과 사귀는 것은 우리가 맘모스를 잡으러 다니던 시절보다 나아졌다고 할 수만은 없습니다. 오만함은 가장 쓸모없는 감정입니다. 역사는 오만함이 전쟁과 재앙, 증오, 무수한 실패를 낳았다는 것을 가르쳐 주고 있습니다. 이 책은 오만하고 남을 경멸하는 행동이 왜 그렇게 널리 퍼지게 되었는지, 그리고 이를 막을 방법은 없는지를 다루고 있습니다.

2017년 11월 헬싱키에서
아리 투루넨

일러두기

본문의 각주와 (　)안의 설명은 옮긴이가 붙인 것입니다.

서장

성공하는 순간 거만함에 빠지거나
자신을 신과 같다고 생각하는 것보다
인간에게 더 위험한 것은 없다.

서기 원년 로마의 엔지니어 율리우스 섹스투스 프론티누스(Julius Sextus Frontinus)는 모든 발명은 이미 오래전에 이루어졌으며, 더 이상 새로운 것이나 혁신적인 것이 나올 것이라 기대하기 어렵다고 확신했다. 이 정도로 확고한 주장을 펼칠 수 있는 사람이라면 어떤 상황에서도 핀란드의 기반암(基盤巖)처럼 견고한 태도로 자기 견해를 바꾸지 않을 것이다. 만약 율리우스가 아직까지 살아있다면 여전히 그때와 같은 견해를 견지할 것이다. 그는 아마 자신의 상아탑에서 컴퓨터나 통신위성을 비웃을 것이고, 항생제를 사용해 치료하는 것을 경멸할 것이다.

율리우스와 마찬가지로 많은 사람들은 자신의 판단력이 최고이며 자기 견해를 절대로 수정할 필요가 없다고 생각한다. 죽을 때가 되면 우리는 좋은 취미가 무엇인지, 자식들에게 어떤 것이 가장 좋은 교육인지, 가장 좋은 정당은 어떤 정당인지 알게 된다. 그리고 이런 확신을 젊은이들에게 알려주는 것은 아주 친절한 일이라 여길 것이다. 하지만 다른 사람들이 이런 친절을 베풀면 우리는 그것을 기분 나쁘게 여기며 자기만의 생각을 고집하고 이렇게 고집을 피우는 것을 지조를 지키는 일이라 여긴다.

이 책도 역시 오만한 것으로 해석될 수 있을 것이다. 사후에 끼워 맞추는 방식으로 다른 사람이 범한 오류에 대해 유죄 판결을 내리고 있는 나는 누구인가? 불손함은 누구에게나 이따금 나타나는 특성이다. 나는 한 번도 오만한 적이 없었다고 말하는 것 자체가 오만한 주장이 될 수 있다. 수많은 문화권에서 창조한 비극이나 신화 그리고 서사시에 이런 잘못된 태도가 이미 작품화되어 있었다.

바이킹 시대에 나왔던 핀란드의 민족서사시 칼레발라(Kalevala)의 세 번째 노래는 그 부족 가운데 가장 힘이 세고 경험이 많은 자와 도전자가 만나 결투를 벌이는 장면을 그리고 있다. 청년 요우카히넨(Joukahainen)은, 세상에서 노래를 제일 잘 부르고 어떤 사람들보다 많이 알고 있다고 소문난 베이네뫼이넨(Väinämöinen)을 질투한다.

요우카히넨의 부모는 아들에게 그보다 우월한 능력을 지닌 자와 결투를 벌이지 말라고 당부했다. 하지만 그는 부모의 충고를 한쪽 귀로 듣고 한쪽 귀로 흘려 버렸다. 그는 자기보다 더 많이 아는 사람은 세상에 없다고 말한다. "아버지도 많이 아시고 어머니는 아시는 게 더 많지만, 제가 이 세상에서 가장 많이 압니다." (Hans und Lore Fromm의 번역판에서 재인용. 슈투트가르트, 레클람 출판사 1985. 16쪽)

이 두 남자가 만났을 때 요우카히넨은 베이네뫼이넨을 전혀 모르는 것처럼 행동한다. 이것은 오만함의 전형적인 증상이다. 베이네뫼이넨이 그에게 무엇을 알고 있는지 묻자, 요우카히넨은 자기가 알고 있는 것을 하나씩 열거하기 시작했다. 세계를 창조할 때 자신이 그곳에 있었다는 주장에 대해 베이네뫼이넨이 비웃자, 요우카히넨은 매우 화를 내며 연장자인 베이네뫼이넨에게 결투를 신청한다. 베이네뫼이넨은 그를 달래보려고 했지만 허사였다. 요우카히넨은 베이네뫼이넨 같은 겁쟁이는 돼지로 만들어 돼지우리에 처박아 버릴 것이라고 떠벌였다. 참는데도 한계가 있는 법이다. 이 허풍에 베이네뫼이넨은 크게 분노했다. 그러자 "바다가 요동치고, 땅이 흔들리며, 구리산이 진동했고, 큰 바위가 떨어지면서 쪼개져 이리저리 날렸고 해안 절벽은 입을 벌리며 찢어졌다." (같은 책, 20쪽) 베이네뫼이넨은 요우카히넨을 늪으로 만들었고, 울면서 자비를 빌었던 요우카히넨은 베이네뫼이넨에게 누이를 바치겠다고 약속하고서야 겨우 살아날 수 있었다.

핀란드 늪지대에서 생긴 이 이야기는 오만한 태도는 반드시 그에 합당한 벌을 받는다는 신화의 근원적 이야기 구조를 취하고 있다. 여러 문화권에서 나온 신화들은 근본적으로 허영심과 어리석음, 거짓 그리고 특히 오만함을 경고하는 교훈적 내용을 담고 있다. 바다의 신 포세이돈을 저주한 오디세우스나 권력에 흠뻑 취한 오이디푸스 이야기를 그려 내는 고대 그리스의 비극들은 한 가지 유명한 도식을 반복한다. 그것은 건강한 자신감도 쉽게 오만함으로 발전한다는 것이다. 이 때문에 성공한 사람도 쉽게 불행에 빠진다. 많은 사람들은 오만한 성격 때문에 궁지에 빠지고 종종 파국을 맞기까지 한다. 고대 그리스 인들은 성공하는 순간 휘브리스(Hybris), 즉 오만함에 빠지거나 자신이 신과 같다고 생각하는 것보다 더 위험한 것은 없다고 생각했다. 이것은 몰염치할 정도로 자기를 과신하게 만들며, 신들이 질서를 결정하는 이 우주에서 인간의 능력은 한계가 있을 수밖에 없다는 사실을 전혀 생각하지 못하게 한다. 오만함에 빠지는 병에 걸린 사람은 자신이 전지전능하다고 믿는다. 억제할 수 없을 정도로 넘치는 자신감에 빠진 사람은 자기 주변에서 벌어지고 있는 상황을 잘못 해석하거나 잘못 평가하게 된다. 이로 인해 그는 복수의 여신인 네메시스(Nemesis)를 만날 수밖에 없다.

윌리엄 셰익스피어도 이 오만함에 관심이 많았다. 그의 작품들 가운데 많은 것이 권력으로 인해 유발된 시기심과 파국을 다룬 비극이다. 셰익스피어의 유명한 비극들 가운데 한 작품의 주인공은 11세기 스코틀랜드의 왕이다. 그는 사촌인 던컨에게서 왕권을 빼앗았다. 〈맥베스〉(Macbeth)는 권력에 눈이 먼 한 남자에 대한 이야기다. 맥베스는 자기가 가진 권력을 주저 없이 행사하고 아무도 믿지 않는다. 하지만 복수를 당할지 모른다는 두려움 때문에 연달아 범죄를 저지른다. 결국 그는 부하들에 의해 파멸한다.

역사가인 바바라 터크맨은 이혼, 해고, 전쟁, 파국을 야기하는 네 가지 일반적 행위방식을 다음과 같이 들고 있다. 첫째는 폭군처럼 행동하는 것이다. 이것은 세계 어디를 가도 직장이나 식탁에서 쉽게 볼 수 있는 무례한 행위다. 둘째는 도를 넘어선 야심이다. 셋째는 예를 들어 로마 제국의 몰락처럼 권력 때문에 쇠퇴하고 무능에 빠지는 것이다.

넷째는 억지 고집을 피우며 자기 이익에 반하는 행동을 하려는 성향이다.

참치와 대구의 씨가 마른다는 사실을 알면서도 사람들은 왜 늘 물고기를 남획할까? 기후변화가 지구에 중대한 결과를 야기할 것이라는 사실을 알고 있음에도 왜 열대우림의 나무들을 벌채할까?

이 책에서 나는 역사 연감(年鑑)을 뒤지며 어처구니없고 사소한 계기로 큰 변화가 일어났던 사건들을 추적할 것이다. 나는 오만함이 이러저러한 방식으로 세계를 변화시킨 순간들을 찾아볼 것이다. 그런 순간의 이면에는 상대방을 얕잡아 보는 태도나 자신의 우수성을 과도하게 믿는 태도, 문화적 우월감으로 인한 건방진 태도 혹은 독점적 지위로 인한 자만심이 존재한다. 이런 상황에서 긴장관계는 견디기 어렵게 되며, 오만한 행동이나 말은 기존의 체제를 무너뜨리기에 충분한 것이 된다.

1_ 오만함

알렉산더 대왕은 왜 사람들을
자기 발 아래 무릎 꿇게 만들려고 했는가.
오만한 영국은 어떻게 의회 제도를 탄생시켰는가.
그리고 비스마르크는 왜
열두 번이나 결투를 했는가.

오만해지는 것은 그 나름의 극적인 사건들을 연속적으로 만들어내는 화학적 과정이다. 알렉산더 대왕은 중앙아시아를 완전히 정복했다. 이것이 큰 업적인 것만은 분명하다. 이미 이집트 정복 당시 그는 자신을 이집트의 신 아몬(Amon)의 아들이라 부르며 부하들에게 신에게 기도하듯이 자기에게 기도할 것을 강요하려 했다.

일반적으로 정복자들은 자기들이 하고 싶은 대로 행동한다. 하지만 모든 것에는 한계가 있는 법이다. 알렉산더는 술에 취해 페르시아의 수도 페르세폴리스를 불 질러 파괴했고, 아버지인 필리포스(Philippos) 왕을 너무 과분하게 칭찬했다는 이유로 충직한 부하 클레이토스를 죽여 버리기까지 했다. 그는 어떤 경우에도 자신을 누구와 비교하거나 자신을 비판하는 사람을 용납하지 않았다.

알렉산더 대왕의 궁정역사가 칼리스테네스도 클레이토스와 비슷한 최후를 맞는다. 알렉산더 대왕이 페르시아 여왕에게 무릎을 꿇고 이마를 땅에 대는 예를 갖출 것을 요구하려고 하자 그의 부하들은 알렉산더의 머리가 완전히 돌았다고 확신했다. 마케도니아와 그리스의 전사들은 왕에게 허리를 깊이 숙여 예를 표하는 것을 몹시 싫어했다. 왜냐하면 이들은 오로지 신에게만 이런 식으로 예를 올리기 때문이다. 칼리스테네스는 알렉산더 대왕에게 신에게 하는 것과 똑같이 예를 갖추는 것을 거부했다.

상당수의 사람들은 자신이 신과 같은 반열이거나 신보다 위상이 더 높다고 생각하기도 한다. 비틀즈의 존 레논은 최고의 인기를 누리고 있었던 1966년 기독교를 믿어 봤자 아무것도 얻을 게 없다고 선언했다. 기독교는 망하고 곧 사라지게 될 것이라는 뜻이었다. "내 말이 맞을 것이다."라고 말한 그는 여기에 더해 미래는 자신의 이런 확신을 증명해 줄 것이라고 덧붙였다. 그는 자신의 긴 이야기를 다음과 같은 전설적인 문장으로 마무리한다. "지금 우리는 예수보다 더 인기 있는 그룹이다." 미국 라디오 방송국들은 비틀즈의 음반을 트는 것을 거부했고, 곧이어 음반을 소각하는 운동을 주도했다. 살해 위협까지 빗발쳤다. 존 레논은 곧 사과했지만 그것으로 봇물 터지듯이 쏟아지는 증오 편지를 막기에는 역부족이었다. 보스턴 공연에서는 4백명 이상의 경찰과 보안요원이 이 밴드를 경호해야 했다.

레논은 아이러니한 표현에 재능이 있었다. 하지만 비틀즈가 신보다 더 인기가 있다는 그의 말은 성공한 사람에게서 쉽게 찾아볼 수 있는 안목의 부족을 보여주는 좋은 사례이다. 이런 사람들은 너무 쉽게 실수를 저지른다. 이 책을 낸 출판사 발행인도 나와 맥주 네 잔을 마신 후에 자신이 몇 권의 베스트 셀러를 낸 후 연이어 계속 잘못된 출판

결정을 내린 적이 있다고 털어놓았다.

   이런 현상들을 적절하게 설명해 주는 개념이 있다. 그것은 바로 '승리병'이다. 일본인들은 1937년 중국을 물리친 후 이 병에 걸렸다. 승리감에 도취된 그들은 1941년 진주만(Pearl Harbor)을 공격했다. 그 후로도 태평양 지역과 남아시아에서 연합군에게 연전연승했다. 이런 승리로 큰 자신감을 얻은 일본인들은 작전지역을 무리하게 확장했고, 이때문에 보급품 수송이 점점 더 어려워지게 된다. 이 병은 1942년 미드웨이(Midway) 해전에서 절정에 달하는데, 이 전투에서 일본은 결정적인 패배를 맛본다.

   알렉산더 대왕의 광기가 보여주는 것처럼 성공한 사람이 오만함에 빠지는 것을 극복하기는 어렵다. 자기 자신이 중요한 사람이라고 지나치게 믿는 것 그리고 오로지 중요한 사람들만 자신의 천재성을 알아본다는 확신은 이 병에 걸린 환자들에게 나타나는 주요 증상이다.

   이 병에 걸린 환자는 정반대의 것이 증명될 때까지 새로운 사실을 아는 것도 꺼린다. 갈릴레오 갈릴레이는 역사책에서 말하는 것처럼 꼭 그렇게 과학의 순교자인 것만은 아니었다. 그는 성격이 급했고 우둔한 말을 하고 다니는 사람을 참지 못했다. 교황은 갈릴레오가 태양계에 대해서 쓴 책에 나오는 인물인 짐플리쿠스(Simplicus)가 자신을 의미한다고 믿고 매우 분노했다. 왜냐하면 이 책에서 짐플리쿠스가 유치한 질문을 던지는데, 갈릴레오가 우월한 아버지의 자세로 대답해 주기 때문이다. 철학자 루드비히 비트겐슈타인도 비엔나의 동료 학자들과의 대화를 참아내지 못했다. 그는 그 이유를 이들이 너무나 천박하고 비학문적이며 쉴 새 없이 떠들어댔기 때문이라고 말했다. 그는 동료들이 멍청한 소리를 하면 화를 내고 종종 호통을 치기까지 했다. 1950년 노벨문학상을 받은 버트런드 러셀은 애인에게 자신은 평범한 사람들과 이야기를 하면 그들이 '아기의 언어'로 말하고 있다는 느낌을 받는다고 말했다. 소립자를 발견해 1969년 노벨물리학상을 받은 미국의 물리학자 머리 겔만은 "내가 남들보다 조금 더 멀리 볼 수 있었던 것은 내 주변에 난쟁이들만 있었기 때문이다."고 매우 겸손하게 말했다.

속물(Snob)이란 내놓을 것 없는 자기 어머니를 부끄러워하는 사람이다. 예전 영국의 대학에서는 귀족 출신이 아닌 대학생에게는 귀족이 아니라는 기록(Sine nobilitate)이 붙어 다녔다. 19세기 왕가의 권력이 줄어들자 클럽 재킷을 차려입은 이 속물들은 궁정 귀족의 삶을 모방하고 평범한 시민과 자신들을 구별하는 데 큰 가치를 부여했다. 종종 우월감은 신분 상승을 이룬 사람이 새로운 환경에 확고하게 자리 잡는 수단이 되기도 한다. 그의 성공에 미친 우연한 행운은 그의 기억에서 사라진다. 그는 옛 친구나 자기 출신을 망각한다. 그리고 감사하는 마음은 비 오는 날 흘리는 눈물처럼 자취를 감춘다. 이로써 그는 상류층의 가장 나쁜 버릇을 따라 하기 시작한다.

성공이 어떤 이를 오만하게 만들고 있다는 표시 가운데 하나는 정신 나간 요구를 하는 것이다. 이런 것은 예를 들어 밴드나 가수들이 공연하기 전에 반드시 해달라고 콘서트의 주최자들에게 요구하는 요구목록에서 드러난다. 공연계약서에 처음으로 이런 요구목록을 추가한 밴드는 헤비메탈 그룹인 반 헤일런이었다. 한창 잘 나갈 때 이 밴드는 대기실에 반드시 M&Ms 초콜릿 한 접시를 놓아둘 것을 요구했고, 거기다가 갈색 초콜릿은 모두 치워 줄 것을 부대조건으로 달았다. 계약서에 분명하게 명시된 것은 무대 근처에 단 한 개의 갈색 초콜릿도 있어서는 안 된다는 것이었다. 그렇지 않을 경우 공연을 취소할 수도 있다는 것이다. 배리 메닐로우는 무대 온도를 늘 정확하게 18도로 유지하도록 요구했다.

가수들 가운데 가장 까다로운 요구를 한 사람은 머라이어 캐리다. 그녀는 가끔 대기실에 토끼와 새끼 고양이를 준비해 줄 것을 요구했고, 늘 잘 구부러지는 빨대에 크리스털 샴페인과 에비앙 생수 그리고 자신의 모든 일을 처리해 줄 개인 여비서 한 명을 요구했다. 이 여비서가 하는 일은 이를테면 그녀가 씹다 버린 껌을 쓰레기통에 버리는 것이었다. 중국 순회 공연 때 머라이어 캐리는 네 대의 차를 이용했는데, 차에는 트렁크 60개와 350켤레의 신발이 쌓여 있었다. 한번은 캐리가 음반 사인회를 하기 전에 그 음반가게의 화장실을 새로 고치기 위해 20명의 직원이 파견되기도 했다. 화장실 휴지는 반드시 핑크색이어야 했다.

연예계에서 만든 요구목록은 지구의 번영을 그렇게 해치지는 않는다. 만약 권력이 통치자를 오만하게 만들 경우 상황은 훨씬 더 위험하다. 통치자들의 요구는 팝 스타의 요구보다 더 파괴적이기 때문이다. 역사를 살펴보면 일정한 간격으로 이기주의적 통치자가 나타나 세계사의 발전에 중요한 영향을 미칠 결정을 내린다. 가끔 신이 그에게 뭔가 중요한 일을 하라고 시키기까지 한다. 1811년 나폴레옹은 바이에른의 장군들에게 다음과 같이 선언했다. "3년만 더 있으면 나는 이 우주의 지배자가 될 것이다."

로버트 카플란에 따르면, 나폴레옹처럼 권력에 도취된 통치자들에게는 다음과 같은 맹점이 있다. 즉 그들에게는 고삐 풀린 명예심과 강렬한 일 욕심 그리고 인정욕구가 있다. 이런 사람은 자신만의 고유한 가치를 과장하고, 오만하며, 다른 사람들의 후견인 행세를 하고, 모든 일을 부하에게 맡기는 대신 자신이 직접 나선다. 그는 칭찬에 연연하며, 다른 사람이 올린 업적을 제 것으로 만들지만 자기 잘못은 다른 사람에게 떠넘긴다. 그는 여론에 미칠 영향력에 지나치게 신경 쓰며, 성공의 물질적 표시를 이상화한다. 비판은 그를 분노하게 만들고, 그는 실수나 약점을 쉽게 인정하려 들지 않는다.

이처럼 이기적인 사람과 만나는 것이 아주 힘들 때도 있다. 그들에게는 아부해야 한다. 왜냐하면 그들은 자기 앞에서 침묵하고 있는 것조차 자신을 비판하는 것으로 여기기 때문이다. 고대 그리스 철학자 필로데모스(Philodemos)에 따르면, 오만한 인간은 늘 자신의 지위와 힘을 잃지 않을까 염려한다. 그는 자기가 생각하기에 중요한 일을 하면 다른 사람들보다 더 중요한 존재가 될 수 있을 것이라고 믿는다. 아니면 자기가 가진 힘이 미래의 성공을 보장해 준다는 것만 확신하고 있다. 필로데모스는 이런 사람들이 자기 생각에 따라 다른 사람을 마음대로 규정하는 것을 특별히 비난받아 마땅한 것으로 본다. 오만한 인간은 다른 사람들과 협동하거나 다른 사람에게 조언을 구할 준비가 되어 있지 않기 때문에 자신이 맡은 프로젝트나 일의 부담을 혼자 지려고 하고, 일에 성공하기 어렵다.

오만한 인간은 자신의 아량을 너무 높게 평가한다. 그는 상하관계를 통해 다른 사람을 마음대로 다루기 때문에 개인적 관계는 물론이고 공동체까지 깨버린다. 그는 교양도 없고 신중하게 행동하지 않기 때문에 대인관계가 원만치 않다. 그는 자신의 약점을 시인하려 들지 않으며 결코 사과하는 법이 없다. 이와 마찬가지로 그는 다른 사람에게 고맙다는 말을 할 능력도 없다. 그는 다른 사람의 말을 받아들인 것만으로도 충분히 고마움을 표시했다고 생각하기 때문이다. 그는 철학자들을 경멸한다. 철학자들이 자신에게 가르칠 것이 없다고 믿기 때문이다. 필로데모스에 따르면 이로 인해 오만한 사람은 건강한 판단력을 잃고 결국 많은 노력과 비싼 대가를 치러야 하는 위험에 처한다.

건강한 지성의 상실, 고마워할 줄 모르는 태도, 자만심은 모두 성공으로 인해 한 인간의 성격이 변했기에 생기는 것이다. 실제로 오만함에 빠지는 현상은 신경화학적 관점에서 살펴볼 수 있다.

알렉산더 대왕과 나폴레옹이 권력을 잡자 그들 뇌의 화학적 구조도 변했다. 도파민이나 세라토닌 같은 물질들이 유입되면서 수많은 수용체들 사이에 나오는 신호들을 전달해 주는 뇌의 강력한 통제 메커니즘이 활성화된 것이다. 어떤 신경세포들은 전달물질을 분출하고, 다른 신경세포들은 이것들을 촉진시켜 알렉산더 대왕이나 나폴레옹의 모든 신경체계에 자극이 퍼져 나갔다. 이로 인해 그들의 머리는 완전히 도취 상태에 빠졌다.

세라토닌과 도파민은 우리 기분에 영향을 미친다. 이 물질들은 항우울제로 이용된다. 도파민은 우리 기분을 유쾌하게 만든다. 뿐만 아니라 타인의 칭찬을 받으려고 끊임없이 노력하는 행위 모델과 긴밀하게 연결되어 있기도 하다. 세라토닌이나 세라토닌 수용체가 부족하면 심지어 자살을 생각하게까지 만든다. 칭찬 받거나 존중받는 사람들에게는 세라토닌 농도가 올라간다.

진화심리학자 로버트 라이트는 침팬지 무리의 우두머리는 다른 침팬지들보다 혈중 세라토닌 농도가 훨씬 높다는 것을 발견했다. 수컷 우두머리의 세라토닌 농도는 그 무리의 나머지 동물들이 위압적인 행동을 함께 체험할 때 항상 올라간다. 라이트는 인간들 사이의 서열관계도 세라토닌 농도에 영향을 주는지 연구하기 시작했다. 그는 침팬지와 마찬가지로 권력을 행사하는 대학생이 아무런 결정권을 갖지 못한 대학생보다 더 많은 세라토닌을 분비한다는 것을 관찰했다.

세라토닌과 도파민은 공히 자신감 넘치는 행동을 하기 위한 전제조건이 될 수 있다. 이 물질들이 신경체계 내에 풍부하면, 두려움, 압박감, 의기소침함 같은 감정은 물론이고 다른 사람들을 어렵게 대하는 소심함까지도 줄어드는 반면 자부심은 올라간다. 이런 사람은 자신이 활기차고, 행복하며 만족스럽다고 느낀다.

전면에 나서서 주목받으며 다른 사람들의 삶에 영향력을 미치기 원하는 사람이라면, 모두 세라토닌이나 도파민에 의존하게 된다. 이런 사람이 권력을 포기하는 것은 거의 불가능할 수도 있다. 이런 전달물질에 중독된 사람들은 권력에 취해 있어, 은퇴 후에 일상으로 되돌아가는 것은 대단히 힘들다. 영향력을 계속 누리고 싶다는 욕망이 너무 커서 적지 않은 사람들이 회장단이나 감사실에 계속 남아 있기를 원하거나, 영향력을 누릴 다른 수단이 더 이상 남아 있지 않을 경우 최소한 독자투고라도 하려고 한다. 그들의 뇌가 충분한 전달물질을 얻지 못한다면 그들은 손자들을 보고서도 기뻐하지 않는다.

세라토닌이나 도파민의 분비는 자기만족감을 올린다. 그런 사람들에게는 뭐든지 다 성공할 것처럼 보인다. 권력을 행사할 수도 있고, 복수도 할 수 있을 것 같다. 하지만 성공은 그를 더 큰 위험으로 몰고 갈지도 모를 잘못된 자신감을 갖게 할 수도 있다. 구 동독은 이에 대한 대표적 사례이다. 동독 정부의 지도층은 국민들의 환멸감을 기본적으로 너무 낮게 평가했다. 1989년 5월 7일 에곤 크렌츠는 텔레비전 카메라 앞에 등장하여 진지한 목소리로 집권 사회주의 통일당(SED)이 총투표의 98.85퍼센트ㅡ투표율은 98.77퍼센트ㅡ를 획득했다고 주장했

나. 이 엉터리 주장에 동독 국민들은 더 이상 참을 수 없었다. 투표율이 100퍼센트에 조금 못 미친다는 것은 너무 뻔뻔한 거짓말이었다. 그래서 처음에 국민들은 시위를 하며 선거 결과를 검증해 보자고 요구했다. 시위대는 교회에서 만나 투표인 명부를 모았는데, 이를 조사해 보니 최소한 10퍼센트의 유권자가 정부에 반대 투표를 했고, 그 밖에 10퍼센트는 아예 기권했다. 이에 분노한 국민들은 강력한 저항운동을 조직하고 마침내 베를린장벽까지 돌진하기에 이르렀다. 성공에 도취한 동독 정부는 현실감을 상실하고 진압부대를 늘임으로써 위기를 넘길 수 있는 기회를 놓쳤다.

1135년 영국의 헨리 1세가 사망했다. 영국의 남작들 가운데 압도적 다수가 왕의 딸인 마틸다(Matilda)를 왕위 계승자로 임명한 그의 결정을 지지했다. 하지만 정복왕 윌리엄의 손자가 왕권을 차지하기 위한 전쟁을 결심했다. 마틸다는 공격을 시작하여 영국의 서부지방을 점령하고 런던에 도착했다. 런던 시민들은 열광하며 그녀의 대관식을 기다렸다. 하지만 마틸다는 제후들에게 하는 것과 똑같은 예를 자신에게도 갖출 것을 요구했다. 그녀는 개가를 올리며 정복자처럼 런던으로 들어갔고 제후의 표장을 걸치고 런던에서 가장 높은 지위의 군인들이 경의를 표하며 자신의 등자(鐙子)에 입을 맞출 것을 요구했다. 그녀가 내린 첫 번째 명령 가운데 하나가 세금을 걷는 것이었는데, 그것은 그녀의 아버지의 뜻과는 반대되는 것이었다. 1148년 그러니까 그녀가 런던에 들어온 지 몇 주 만에 마틸다는 런던에서 추방되고 왕권은 스테판

(Stephan)에게 돌아갔다.

마틸다는 역사상 가장 짧게 군림한 통치자들 가운데 한 명일지도 모른다. 그녀는 왕으로 대관되기 이미 오래전부터 잘난 척하는 사람이었고, 대중심리적으로 잘못된 결정을 잇달아 내린 바 있었다. 마틸다는 왕위에 오르기 전에 홍보 전문가의 조언을 한번쯤 들었으면 좋았을 뻔했다.

17세기에 영국인들은 오만한 태도 때문에 세계무역의 권력자라는 지위를 잃게 된다. 상인들은 최고 50퍼센트까지 수익을 올리고 있었다. 영국의 동인도회사는 화려한 배들을 건조하게 했지만, 연이은 성공으로 교만해져 이 대규모 선박 건조 계획에 부패가 일어나도록 방치했다. 교육은 적당히 시켰고 선원들에 대한 처우는 나빴으며 경험을 업신여기기까지 했다. 반면 네덜란드 사람들은 효율적이고 싼 값으로 배를 건조할 능력이 있었다. 17세기에 그들은 플류트(Flyut)라는 이름의 빠르고 조종하기 쉬운 배를 만들어 향신료 무역의 제왕이 되었다. 하지만 이들도 오만한 태도로 인해 네덜란드 동인도회사(VOC)를 완전히 파산시켰다. 18세기에 이 회사는 비효율적으로 운영되었으며 부정 부패도 만연했다. 회사는 어떤 변화도 거칠게 반대했다. 네덜란드 동인도회사의 유럽 경쟁사들은 직원들이 아시아인과 개인적으로 거래하는 것을 허용했지만, 이 회사는 이들이 회사의 이익을 침해할 것을 우려했다. 네덜란드 동인도회사는 직원들의 사적 거래가 적발되면 사형시키는 규정을 만들어 국가의 승인까지 받았다. 인도에서 원주민들의 반란이 늘어나자 이를 막기 위해 무기들을 사들였는데, 이 때문에 생산비용이 엄청나게 올라갔다. 결국 네덜란드 동인도회사는 1800년에 완전히 파산했다.

이따금 사람들은 제품 그 자체에 하자가 없음에도 기회를 놓칠 때가 있다. 복사기 제조회사인 제록스(Xerox)는 1948년부터 시장을 지배해 왔다. 이 회사는 1969년 10억 달러 이상의 매출을 올리며 성공의 정점을 찍었다.

이 회사의 임원들은 오래전부터 성공에 눈이 멀어 있었다. 사장은 주주들의 모임에서 고객들의 정보기술적 수요를 완전히 충족시킬 수 있게 되었다고 자랑하며 교만을 떨었다. 1971년 제록스는 IBM을 사들이기로 결정했다. 모험에 가까운 이 투자가 제록스를 망하게 할지도 모른다는 경고도 무시한 채로 말이다. 제록스는 IBM 인수를 위해 10억 달러 이상을 낭비했다. 동시에 팰로 앨토(Palo Alto)에 연구센터를 세우기도 했다. 5년 만에 제록스는 망했다.

회사가 IBM 인수를 위해 무리수를 두는 동안 제록스 연구개발팀은 1세대 PC, 마우스, 이터넷(Ethernet), (윈도우의 전신인) 그래픽사용자 인터페이스(GUI) 평면 모니터 그리고 레이저 프린트 등을 개발했다. 마이크로소프트나 애플과 같은 다른 회사들이 혁신을 통해 부자가 된 반면, 제록스는 그렇지 못했다.

주변에서 보내는 약한 신호에 귀를 기울여야 한다는 경고는 늘상 있는 법이다. 하지만 누가 이 희미한 신호를 지각할 정도로 예리한 귀를 가지겠는가? 누가 제때 생각을 고쳐먹는 법을 알겠는가? 성공에 도취한 사람은 겸손하고 감사하는 마음을 가져야 한다는 것을 까먹기 쉽다. 그 대신 그에게는 성공은 오로지 자기 공이며, 이 때문에 다른 사람들은 자기에게 이에 상응하는 존경을 표해야 한다는 확신만 들 뿐이다.

약한 사람을 괴롭히는 유형들

2006년 10월 24일 카페리 호 실야 심포니(Silja Symphony)는 헬싱키에서 스톡홀름으로 항해하고 있었다. 스웨덴인 바텐더는 막 레스토랑 아틀란티스의 문을 닫으려는 참이었다. 그런데 테이블 한쪽에서 한 무리의 남자들이 시끄럽게 계속 파티를 하고 있었다. 그들 가운데 에스토니아인 한 명이 이 바텐더에게 오더니 영업을 계속 하라고 요구했다. 바텐더가 거절하자 에스토니아인이 직접 알코올 음료를 따르기 시작했다. 바텐더는 이를 저지하고자 했다. 그러자 에스토니아인은 자신이 이 해운회사의 재무담당 사장이라고 말했다. 고급 수트를 입은 그는 술에 취한 자기 회사의 다른 동료들을 가리키며, 이 카페리 호도 그들 것이라고 설명했다. 그래도 바텐더는 술을 계속 팔 마음이 없었다. 에스토니아 남자는 그를 폭행했고 안경까지 부러뜨렸다. 보안요원들에게 구조요청이 들어갔고, 이 배의 소유자들은 바로 위층에 있는 다른 레스토랑으로 비틀거리며 자리를 옮겼다. 바가 문을 닫았다는 사실에 그들은 화를 내며 이 배에 근무하는 직원들은 자기네 소속이며, 직원들은 주인이 시키는 대로 해야 한다고 큰소리쳤다. 이들 패거리는 그들이 '하인'이라고 부른 직원들을 해고하고 '이 녹슨 조각배'를 중국에 팔아 버리겠다고 위협하기까지 했다.

그다음에 이들 무리는 이미 문 닫은 면세점으로 몰려갔다. 이들은 객실에 있던 판매책임자를 불러내어 가게 문을 열라고 요구했다. 그들은 이 가게가 싸구려 담배만 판다고 화를 내고는 8백 유로짜리 꼬냑을 병 채로 마셨다. 다음 날 아침에 이 일당들은 맥주 캔을 들고 아침식사를 하러 왔다. 이후 토스트기에 불이 붙었는데 이 재무책임자가 그 안에 물고기 한 마리를 쑤셔 넣었기 때문이었다.

사건이 알려지자 에스토니아 해운회사의 핀란드 지사장은 이는 유람선에서 늘상 일어나는 일이고 당사자들도 술을 많이 마시지 않았다고 말하며, 대수롭지 않은 일처럼 사건을 왜곡했다. 이에 스웨덴 선박 승무원 노동조합은 분개하며 사과를 요구했다. 지사장의 생각으로는 그럴 이유가 없었다. 하지만 그날 저녁 핀란드 지사장은 사과했으며 물의를 일으킨 에스토니아 인들은 입을 다물었다.

이 배의 주인들은 정복자들이 늘상 했던 것처럼 처신했다. 역사상 패배자들은 이래저래 굴욕을 당했다. 예를 들어 로마의 공화정 시대에도 정복당한 왕과 그 식구들은 사슬에 묶인 채 승리한 장군의 개선 퍼레이드에 함께 섞여 행진해야 했다.

로버트 서튼의 연구 결과에 따르면, 권력자의 자리에 오른 사람들은 전보다 말을 더 많이 하고, 자기가 원하는 것이라면 무조건 빼앗는다. 그들은 다른 사람이 무슨 말을 하든, 무엇을 소망하든 전혀 신경 쓰지 않는다. 몇 안 되는 영향력 있는 동료가 자기 행위에 대해서 어떻게 나오든 전혀 개의치 않는다. 권력을 얻은 사람은 전보다 더 까다롭게 굴며, 일반적으로 모든 상황과 사람들을 자기 욕구의 충족을 위해 이용하는 버릇이 있다. 권력에 눈이 먼 사람은 자신이 얼마나 바보처럼 구는지 더 이상 알지 못한다.

서튼은 일터에서 자신이 '더러운 놈'이라고 욕하는 사람들에 대해 책을 썼다. 이 '더러운 놈'들은 우리의 근무 환경을 야만적으로 만든다. 서튼에 따르면, 그런 나쁜 행위에 대해선 관용을 베풀 필요도 없다. 하지만 종종 간부들이 나쁜 짓을 통해 좋은 실적을 올려 두각을 나타내는 경우도 있다. 이런 사람들은 다른 직원에 비해 보수도 많이 받을 뿐 아니라, 자기에게 계속 존경심을 표하며 아부할 것을 요구하기까지 한다.

2000년 유럽공동체(EU)는 직장인의 노동 조건을 연구하기 위해 총 21,500명의 직장인을 인터뷰했다. 이중 9퍼센트는 자신이 직장에서 협박이나 괴롭힘을 당하고 있다고 말했는데, 대부분 상사나 사장에게 당한 것이다. 1997년과 2003년에 나온 두 개의 연구 결과에 따르면,

미국의 간호사 90퍼센트 이상이 의사들에게 험담이나 모욕적인 말을 들었다.

역사상 가장 끔찍하게 부하들을 괴롭힌 사람은 선조들이 확보한 땅을 잃어버린 실지왕(失地王) 존이었다. 영국의 헨리 2세와 왕비 엘레노어의 아들이었던 존 왕은 형인 리처드가 죽자 1199년 왕위에 올랐다. 그는 당시 유럽에서 가장 힘센 나라를 통치했다. 하지만 가늠할 수 없을 정도로 막강한 권력을 얻게 되자 그는 오만해졌고, 얼마 되지 않아 폭군으로 변모했다. 1204년 그는 노르망디를 잃음으로써 "땅을 잃은 왕"이라는 별명을 얻게 되었다. 그 후 그는 주로 영국에 머물면서 무절제한 통치로 나라를 혼란에 빠뜨렸다.

존 왕은 아버지의 나쁜 자질을 모두 물려받았다. 어린 시절 그는 아버지의 과보호로 버릇없게 컸으며 형제들에게 놀림을 받았다. 그는 단 한 번도 어른처럼 사려 깊게 행동한 적이 없었다. 소년 시절 그는 부활절 미사를 볼 때 여러 번 신부의 설교를 중간에 끊고 나와 설교를 짧게 하라고 요구하는 무례한 행동을 해 모든 사람을 깜짝 놀라게 했다. 19살 때 그는 동맹국인 아일랜드의 도움을 받아 원정에 나서라는 과업을 받았다. 아일랜드군의 사령관을 만나 상견례를 나누는 자리에서 존 왕과 그 부하들은 아일랜드인들이 입은 옷이나 그들의 긴 수염을 보고 폭소를 터뜨렸다. 존 왕은 아일랜드 군인들의 수염을 잡아당기며 그들을 조롱하기까지 했다. 그리고 아일랜드 땅과 성을 몰수하겠다고 했다. 이 때문에 그는 채 일주일도 안 되어 아일랜드 전역을 자기 적으로 만들어 버렸다.

존 왕은 영국의 남작들을 신뢰하지 않는다는 사실을 숨기지 않았다. 그는 지역의 집정관을 노르망디 출신의 조야하고 야심에 불타는 사령관들로 갈아치웠는데, 이들은 관할지역에서 전통적으로 내려온 관습을 무시했다. 농부들은 왕이 세금을 부과하는 것은 참았지만 새 집정관들이 세금을 오만하고 잔인하게 징수하는 방식에 대부분 치를 떨었다. 농부들은 특히 노팅엄 집정관이자 셔우드 산림감독관이었던 필립 마크를 싫어했다. 그의 무자비한 통치로 인해 일부 농부들이 숲으로 도망갔고, 로빈 홋의 이야기가 만들어졌다.

존 왕의 가장 심각한 성격은 사람들을 믿지 않는다는 것이었다. 권력에 굶주린 대부분의 사람들처럼 존 왕도 다른 사람들 역시도 자기와 마찬가지로 권력욕이 강하고 믿을 수 없는 사람이라 여겼다. 가장 친한 친구와 싸워 다치게 만들었음에도 그는 이를 인정하지 않았다. 그는 전쟁 포로들을 그 당시로서는 정말 잔인하게 다루었다. 그는 가는 곳마다 사람들의 화를 돋구는 사람이었다.

존 왕의 형 리차드에게 충성을 다했던 브람버 남작은 처음에는 존 왕의 총애를 받았다. 그는 노르망디 전투에서 믿을 만하고 기품 있는 군인이라는 것을 입증하며 존 왕이 자기 경쟁자로 생각했던 조카 아서를 생포하는 공을 세우기도 했다. 하지만 브람버 남작은 권력의 중심에 너무 가까이 다가가 있었다. 사람들은 온 나라를 충격에 빠뜨린

아서의 죽음에 대해 그가 뭔가 알고 있을 것이라고 수군댔다. 존 왕이 조카를 죽이도록 시켰을 것이라고 의심했던 것이다. 1208년에 존 왕은 브람버 남작의 입을 막아야겠다고 결심했다. 왕이 남작들을 꼼짝 못하게 만드는 데 즐겨 쓰는 방법은 남작의 자식들을 인질로 요구하는 것이었다. 왕의 부하들이 브람버 남작의 성에 도착하자 남작부인 모드(Maud)는 자기 친조카를 죽인 왕에게 자식들을 넘겨 주는 것을 거부했다. 이후 2년 동안 브람버 남작의 영지는 폐허가 되고 모드와 그녀의 장남은 굶어 죽었다. 브람버 남작은 1211년 망명지 프랑스에서 사망했다. 왕이 이처럼 부당하게 브람버 남작의 권리를 침해한 이유는 공식적으로 남작이 존 왕에게 빚을 졌기 때문이었다. 하지만 제프리 힌들리가 계산했던 것처럼 브람버 남작이 존 왕이 요구한 빚을 다 갚으려면 1917년까지 걸렸을 것이다.

브람버 남작은 그 당시 영국에서 가장 영향력 있는 남작이었다. 하지만 그 역시 존 왕의 전횡에 목숨을 유지하기 어려웠다. 존 왕은 자기에게 완전히 굴종하는 사람만 신뢰했다.

존 왕은 자신이 잃어버렸던 프랑스 영토를 다시 수복하는 데 실패했음에도 반성하지 않고 전쟁세를 계속 올렸다. 그때서야 남작들은 더 이상 참지 못하고 반란을 일으켰다.

1215년 6월 15일 존 왕은 템즈 강 어귀 러니미드(Runnymede)에서 반란을 일으킨 남작들을 만나 〈대헌장〉(Magna Charta)에 서명을 해야 했다. 이것은 정치권력의 전통을 뒤바꾼 63개 조항의 광범위한 문서였다. 대헌장은 왕의 권한을 규정한 일종의 헌법이 되었다. 이 헌장은 법이 허용하지 않는 한 자유인을 체포하거나 추방할 수 없다고 명시한다. 그 누구도 권리를 구매하거나 박탈할 수 없다고 규정한 이 헌장 제40조도 의미심장했다. 왕이 자기 수입을 늘리려 할 경우 신하들과 반드시 협의해야 했다. 이 협의로 영국 헌법이 발전하게 되었다. 대헌장의 여러 규정들은 왕이 최고 재판권의 소유자라는 지위를 이용하여 자신의 개인적 이익을 늘리는 것을 막았다. 국가 재정은 더 합리적으로 집행되었다. 대헌장은 곧 모든 압제에 대항하는 상징이 되었다.

왕의 권력을 제한하고 국민의 자유를 보장하는 내용을 담고 있는 세계에서 가장 오래된 이 문서는 끝없이 이어지는 권력투쟁에 진저리친 국민들의 분노의 결과물이었다. 존 왕은 자신과는 다른 목적을 가진 노련하고 성숙한 사람들과 협상할 능력이 없었다. 15년 간 존 왕의 통치를 받았던 남작들의 고통과 괴로움을 목도한 영국의 영향력 있는 가문들은 왕과 소박하고 평화롭게 살기를 원했다.

존 왕의 폭정 덕분에 영국에서 의회의 탄생으로 이어지는 일련의 움직임이 시작되었다. '말하다'는 뜻의 '의회, parlament'라는 말은 처음에 식사 후 수도사들의 담화를 의미했다. 1239년 세인트 알반(St. Alban) 수도원의 베네딕트 수도사 매튜 패리스(Matthew Paris)가 고위 성직자와 남작, 후작들의 회의를 이 개념으로 부르기 시작했다. 1295년 성직자, 기사, 시민, 농민 대표로 최초의 의회가 구성되었다.

무능한 왕이 등장하는 것을 막기 위해 탄생한 의회는 왕이 제멋대로 권력을 휘두르지 못하도록 견제할 의무가 있었다. 마키아벨리는 군주가 얼마나 쉽게 권력을 잃어버릴 수 있는지를 설명할 때 존 왕과 같은 군주를 떠올렸음에 틀림없다. 마키아벨리는 왕은 재상이나 신하의 여인들을 빼앗으면 안 된다고 쓴다. 왜냐하면 사람들은 자기 아버지가 죽은 것보다 자기 재산을 잃은 것을 훨씬 더 오래 기억하기 때문이다.

존 왕과 같은 통치자의 행위는 어떻게 설명될까?

무리 지어 사는 동물인 우리는 서열구조에 익숙해 있다. 우리는 여러 과업을 나누고 집단 내부의 갈등을 조정할 지도자를 필요로 한다. 하지만 우리는 먼저 이 지위를 차지하기 위해 싸워야 한다. 구성원이 불과 3명밖에 되지 않는 집단에서도 지도자가 되기 위한 경쟁이 시작된다. 큰 집단에서는 낮은 지위를 갖는 대부분의 사람들은 거의 말을 하지 못한다. 이들은 서열구조상 자기보다 위에 있는 사람들에게 공손하고도 정중하게 의존하지만 존중받지는 못한다. 한 사람의 지위는 그가 지금까지 얼마나 중요한 존재였는가에 달려 있다. 신분이 낮은데 말이 많은 사람은 처벌받는 반면, 지도자의 지위에 있는 사람들은 더 많은 말을 하도록 요구받는다. 한 집단의 지도자가 지배자로 군림한다면, 그보다 힘이 약한 사람들은 그에 반대하여 힘을 모으게 된다. 이로써 혁명이 일어나고 새로운 집단이 형성된다. 정확하게 보면, 혁명이란 지도자의 괴롭힘이 너무 심할 경우 이에 대한 반동으로 일어나는 행위인 것이다.

유감스럽지만 서열구조는 최고의 오만함으로 간주되는, 자기보다 약한 사람을 괴롭힐 기회를 늘 만들어 낸다. 이런 행위는 가해자가 자신이 희생자보다 좀 더 나은 사람이라는 확신에 기초한다. 왕은 신하의 부인을 아무렇지도 않게 터치할 수 있다. 사장은 자기 배에 근무하는 청소부나 바텐더에게 무리한 요구를 할 수 있다. 그로테스크한 것은 상대가 자신에게 전혀 위협이 되지 않는다는 사실이 자신을 좀 더 나은 사람으로 간주하는 충분한 이유가 된다는 것이다.

유럽인들이 좋아하는 관광지인 태국의 해변을 여행하면서 많은 관광객의 행동을 지켜보면 유럽인들을 특징 짓는 이런 오만함이 무엇인지 알게 될 것이다. 안다만 섬의 산호초 지역에는 관광객들이 좋아하는 얼룩상어가 서식하고 있다. 이 얼룩상어는 촉수를 이용해 바다밑에 살고 있는 물고기, 갑각류, 연체동물, 벌레들을 사냥하는데, 얼룩상어는 사람들에게 전혀 위험하지 않다. 이런 사실이 중요하다. 상어의 성질이 온순하기 때문에 많은 관광객들이 이 동물을 괴롭히며 자기를 뽐내고 싶은 유혹에 빠진다. 그들은 이것을 영웅적 행위라 여긴다. 이처럼 그릇된 방법으로 명예를 얻으려는 사람들은 아마도 일터에서 힘없는 사람들을 쉽게 막 대하는 학대자(Mobber)일 것이다.

핀란드 수도권에 있는 한 학교에서 어떤 여학생이 괴롭힘을 당했다. 그녀가 너무 모범생이고, 학교에서 시키는 대로 고분고분 따른다는 이유에서였다. 사려 깊고 얌전한 학생일수록 다른 아이들보다 더 자주 괴롭힘을 당한다. 학교세계에서는 모범생들처럼 좀 다른 학생들이 경멸받는다. 약점이 있는 사람, 예를 들어 보청기가 필요한 사람도 빈번하게 이런 괴롭힘의 희생자가 된다.

유감스럽게도 이런 일은 아이들끼리 지내다 보면 일반적으로 일어나는 일이라고 주장하며 이런 가학행위를 무시하려드는 사람이 있다. 누구라도 언젠가 이런 괴롭힘을 당할 수 있다. 싸움에는 늘 둘이나 그 이상의 상대가 필요한 법이다. 그래서 아이들은 자신을 방어하기 위해 훈련받기도 하며 심한 경우 부모들이 관중석에 앉아 야생 하이에나 떼처럼 싸우는 자식들을 응원하기도 한다. 시장조사 기관인 입소스(IPSOS)가 아이들의 운동경기에서 어른들이 보여주는 태도에 대해 설문조사한 결과는 좀 부끄럽다. 22개국 23,000명의 성인들이 이 조사에 응했다. 이 가운데 35퍼센트 이상이 공격적인 태도를 취했다. 가장 광분하는 사람들은 미국인이었다. 조사 대상 미국인 가운데 60퍼센트가 다른 성인들이 분노의 발작을 일으키는 것을 목격했다고 답했다.

우려스러운 것은 학교에서의 괴롭힘이 직장으로 이어지는 추세를 보인다는 것이다. 단 올바에우스는 오랫동안 가해자와 피해자에 대한 연구를 진행해 왔다. 그는 이 연구를 위해 1만3천 명 이상의 데이터를 살펴보았다. 올바에우스에 따르면 노르웨이 아이들 가운데 7퍼센트가 가해자이고 9퍼센트가 피해자이다. 이 연구결과로 우리는 어떤 요인들이 아이들을 괴롭힘의 가해자로 만들 수 있는지 알 수 있다. 이들은 대체로 부모가 차갑고 공격적인 성격이고 자식의 공격성을 허용하는 집안의 아이들이다. 올바에우스는 이들을 계속 추적했는데, 이들 가운데 60퍼센트는 24살이 되기 이전에 최소한 한 번의 범죄 행위로 처벌받은 경력이 있다. 이에 비해 다른 아이들을 괴롭히지 않은 아이들 가운데서는 단지 10퍼센트만 처벌을 받았다.

핀란드 인들은 직장에서 동료들을 괴롭히는 빈도가 유럽의 다른 나라 국민들의 두 배다. 2008년에 발표된 유럽공동체 27개국의 통계에 따르면 핀란드는 이 분야에서 1위를 차지했으며, 네덜란드, 아일랜드, 벨기에, 프랑스가 그 뒤를 이었다. 스칸디나비아의 다른 나라들에서 일어난 직장 괴롭힘의 빈도는 이보다 현저히 낮다. 예를 들어 스웨덴은 핀란드의 1/4 수준에 불과하다.

청소년들의 폭력성을 연구했던 존 아처는 대부분의 경우 폭력 행위 뒤에는 우호적이고 합법적인 방법으로는 불가능한 상황에서 자기 위상을 바꾸어 보고자 하는 동기가 있다. 아직 정신적으로 성숙하지 못한 미성년자 무리에서 자기 위상을 높이는 방법 가운데 자기보다 약한 친구를 괴롭히는 것보다 더 나은 방법이 있을까?

맹수의 기질, 즉 우리로 하여금 자기 친구들을 계속 물리쳐야 한다는 생각을 받아들이도록 강요하는 유전적 약탈충동이 우리에게 실제로 있지 않을까?

로마나 오스만제국의 통계들만으로도 인간의 권력욕과 오만함을 증명하기에 충분하다. 전쟁사가 아자르 갓(Azar Gat)의 계산에 따르면, 로마의 황제 가운데 거의 70퍼센트가 폭력으로 죽었다. 395년에서 1453년까지 비잔틴제국 시절에는 이 숫자가 60퍼센트에 달했다. 오스만제국은 로마보다는 좀 더 실용적으로 이 문제를 다루려고 노력했다. 선발된 황제는 형제 모두를 죽이거나 최소한 그들의 눈을 장님으로 만들었다. 이것은 다시 모든 후계자들이 생존투쟁에서 살아남기 위해 더욱 심한 폭력을 쓰는 악순환을 낳았다.

진화심리학자인 마틴 데일리와 마고 윌슨은 1983년 끝낸 연구에서, 모든 살인의 2/3는 살인범이 자기가 존중받고 있지 않다고 느끼고 자기 행위를 통해 체면을 지키려 하기 때문에 일어난다고 결론내렸다.

역사에서 우리는 명예를 지키기 위해 폭력을 행사하는 수많은 사례를 알고 있다. 시대마다 고상하거나 명예로운 것에 대한 가치관은 서로 다르다. 루이 9세가 지휘한 제7차 십자군 원정(이집트)은 우리에게 경종을 울리는 사례이다. 루이 9세의 동생인 아르투아 백작 로베르(Robert de Artois)는 규율을 무시하고 오로지 자기 고집만을 부리는 사령관으로 자기 명예만을 탐했다. 엘 만수라(El Mansura) 공격 시 그는 형의 부대를 기다리려 하지 않았다. 영국의 기사 솔즈베리 백작 윌리엄(William of Salisbury)이 로베르 백작에게 증원군이 도착할 때까지 기다리자고 설득하자 로베르는 윌리엄을 겁쟁이라며 모욕했다. 그 당시 이말은 어떤 기사도 그냥 넘길 수 없는 심한 모욕이었다. 그래서 윌리엄은 다른 십자군 기사들과 함께 이 불행한 공격에 나섰다. 명예만 탐한

동생 덕분에 루이 왕은 단숨에 기사의 1/3을 잃었다. 1248년에서 1254년까지 진행된 이 7차 십자군 원정은 이집트 군이 포위 공격하여 루이 왕을 포로로 잡는 것으로 끝이 났다. 루이 왕은 거액의 몸값을 물고서야 풀려날 수 있었다.

바이킹 문화권에서는 나이 든 여자는 존중받지만 나이 든 남자는 그렇지 못했다. 『에길의 사가』(Egilssaga)에서 그 영웅적 행위를 찬양받고 있는 에길(Egil)은 늙어서 조롱 받으며 죽는다. 그의 가장 큰 죄는 젊었을 때 전쟁터에서 쓰러져 죽지 않았다는 것이다. 바이킹 문화는 간단히 말해 힘이 센 사람이 군림하는 문화이다. 의견의 차이가 생기면 원칙적으로 둘의 결투를 통해 결정을 본다. 바이킹 족은 폭력보다 남들의 악의적 험담을 더 두려워한 것 같다. 특히 용감한 행위를 통해 전설이 되어 역사에 남는 것을 중시했다.

질투심에서 자기 자신을 돋보이게 하려는 행동은 수많은 폭력 행위와 전쟁의 원인이 되기도 한다. 아자 가트는 방대한 저서 『인간문명에서의 전쟁』(War in Human Civilization)에서 인간을 사회적으로 인정받기 위해 끊임없이 인정투쟁을 벌이는, 자기 명예를 중시하는 존재로 본다. 전통 사회에서는 조금이라도 명예가 훼손당하면 바로 폭력으로 이어졌다. 명예는 성공에 영향을 미치는 사회적 자산이었다. 명예를 지키면 배우자 선택에 있어서 더 좋은 기회를 얻었다.

프랑스 앙리 4세 시절의 재상이었던 설리 공작은, 17세기 프랑스 사람들은 명예훼손에 너무 민감하게 반응해서 그의 계산에 따르면 12년 내에 8천 명의 귀족들이 결투로 생명을 잃었다고 이야기한다. 철의 재상 비스마르크(Otto von Bismarck)도 마음속으로 늘 결투할 태세를 갖추고 있었고 괴팅겐 대학 재학 중에 20번 이상 결투를 벌이기도 했다. 비스마르크는 무자비한 권력관을 통해 국가 수반의 지위까지 올랐다. 그는 정치에서는 도덕과 윤리보다 주어진 현실 상황을 먼저 고려해야 한다는 '현실정치론'을 폈다.

현대세계는 비스마르크 시대 이후로 야만화되고 있다. TV를 켜면 언제라도 누군가 투표로 탈락하거나 벌레 먹기 시합에서 지는 오락 방송을 볼 수 있다. 경쟁이 없으면 아무것도 되지 않는다. 경쟁적 사고 방식을 하지 않는 사람은 마치 어디 아픈 사람이거나 졸장부인 것처럼 삐딱한 눈총을 받는다.

무한 경쟁의 그늘

행복에 관한 잘못된 생각 가운데 하나는 우리가 행복해지기 위해서는 반드시 무언가가 되어야 한다는 것이다. 우리는 유명해지든지 아니면 명망을 얻어야 한다. 제일 좋은 것은 둘 다 누리는 것이다. 우리는 권력이나 성공을 통해 이를 이룬다. 이따금 TV의 경쟁 프로그램에 출연하는 것만으로도 족하게 여긴다.

인류 역사에서 자기만 생각하는 이기주의가 빚은 넌센스(어처구니없는 사건)를 연구한 스티브 테일러는 전쟁과 사회계급은 예외 없이 과도한 자기중심주의의 결과물이라고 주장한다.

자유주의 사회에서 사람들은 서로 극심한 경쟁관계에 놓인다. 시장경제는 이를 위해 만들어진 체제다. 하지만 모든 사회가 그런 것은 아니다. 오스트레일리아나 파푸아뉴기니아의 원주민들은 강력한 권력을 가진 지도자를 모시지 않는다. 왜냐하면 이들 사회는 본질적으로 민주적이기 때문이다. 이들은 자기중심적 사유를 하지 않기에 동물들에게 좀 더 많이 공감하고 자연을 존중하며 살아간다. 그들은 놀 때조차도 경쟁하지 않는다.

선교사들이 파푸아 뉴기니아 원주민들이 축구시합에 열광하도록 만들었을 때에도 이들은 시합에서 승리하는 데 가치를 두는 것이 아니라 동점이 될 때까지 시합을 벌였다. 원주민들은 다른 사람을 이기겠다는 생각을 혐오했다.

자기중심적으로 행복을 쫓아가면 우리 사회는 극도로 경쟁 지향적으로 변하게 된다. 자기중심적 존재방식으로 인해 우리는 공동체감을 상실하고 개인주의라는 바다에 빠져 죽는다. 이 경우 우리는 부족한 자원이나 권력을 얻기 위해 그리고 성공하기 위해 경쟁하며 싸워야 한다. 우리가 계속 교육을 받는 이유는 더 나은 지위를 얻어 돈을 더 많이 벌기 위해서다. 국가와 개인의 경쟁력은 21세기의 주문(Mantra)이 되었다. 이미 어린 시절부터 우리는 삶이란 생존투쟁이라는 것을 알고 있다. 생존투쟁에서 이긴 아이가 대부분의 장난감을 독차지하기 때문이다.

TV 리얼리티 쇼, 비즈니스 컨설턴트나 코치들은 공공연하게 우리는 경쟁을 벌이고 있지만 지금까지 돈이나 명예, 승리나 아름다움 그리고 섹스를 충분히 누린 적이 없다고 말하거나, 우리는 남들보다 더 많은 사탕을 가질 권리가 있다고 부추긴다.

로버트 서턴에 따르면, 경쟁은 우리에게 물질적 풍요를 가져다주긴 한다. 하지만 다른 한편으로 지속적인 불만과 과도한 경쟁은 정신건강을 해칠 수 있다. 그 결과 자기보다 지위가 낮은 사람은 오만하게 대하고, 자기보다 돈이 많거나 사회적 지위가 높은 사람은 질투하고 시기한다.

일반 노동자의 귀에는 이런 말들은 다른 행성에 온 것처럼 들린다. 노동자에게는 계속 노동생산성이라는 말이 언급되고 전문가들은 국민 경제 전체에서 보았을 때 노동자의 임금이 너무 높다고 비판하기도 한다. 노동자들은 평가받고 점수가 매겨지며, 여러 가지 지표에 예속되기도 한다. 소방관은 불을 끈다. 하지만 불을 끈 횟수는 그 사람의 능력을 평가하는 척도가 되지 않는다. 그렇다면 무엇이 기준인가? 어떻게 모든 것을 경쟁에 부칠 수 있는가? 핀란드에서는 국영 쇄빙선 사업이 수익성이 매우 높지만 이 사업을 경쟁에 부치지는 않는다.

로버트 서턴의 견해에 따르면, 경쟁으로 인해 사실상 우리는 좋은 것들을 더 많이 만들어 내고, 스포츠나 예술에서 더 좋은 성과를 얻으며, 더 양질의 의료 서비스를 받고, 더 효과적인 의약품들을 처방받을 수 있었다. 하지만 다른 한편으로 지속적인 불만과 과도한 경쟁은 정신건강을 해치기도 한다. 이것은 자기보다 밑에 있다고 생각하는 사람들에게 오만한 행동을 하게 만들고, 자기보다 재산이 많거나 지위가 높은 사람들에게 시기심을 느끼게 만든다.

최악의 경우는 기업문화의 규칙이 인간집단의 원시적(야만적) 본능을 강화시키는 것이다. 이 경우 우리는 경쟁을 통해 질서를 잡는 무리 속에서 끊임없이 권력투쟁을 벌이며 사는 원숭이가 된다.

에너지 기업인 엔론(Enron)은 과도한 경쟁이 어떤 광기를 부리는가를 여실히 보여주는 사례다. 엔론의 파산은 경영진의 극단적 경쟁본능과 자기 능력에 대한 맹목적 과신이 빚어낸 경제사에서 가장 규모가 큰 파멸이다. 엔론의 사장들 가운데 한명인 제프 스킬링(Jeff Skilling)은 정말 똑똑하고 열정적으로 일하는 사람이었지만 경영자로서는 끔찍했다. 그는 직원들을 이해하지 못했다. 그는 직원들은 순전히 논리적으로만 행동한다고 생각했다. 아무도 이렇게 행동하지 않으며 스킬링 자신도 이렇게 행동하지 않는다는 것은 당연한 것이다.

스킬링은 지적이고 창의적인 이론가들을 고용했다. 그는 젊은 MBA 출신들에게 고액 연봉을 주고 조용히 혁신 작업을 벌였다. 그는 직원에게 동기부여를 하는 데 가장 좋은 것은 소유욕(탐욕)을 자극하는 것이라 믿었다. 돈을 욕심껏 벌고자 하지 않는 사람은 회사를 떠나야 했다. 회사에 대한 충성심을 돈으로 사려고 했던 것이다. 스킬링은 어떤 분야든 가장 유능한 사람들을 고용하고자 했다. 지원자가 한 분야에 전문적 재능만 보인다면 다른 분야에서 좀 부족해도 괜찮았다. 자기만 생각하는 이기주의자나 모사꾼도 써먹을 수 있는 지식만 있다면 환영받았다. 직원들은 서로 사이좋게 지낼 필요도 없었다. 정 반대였다. 스킬링은 직원들 간의 경쟁이 새로운 아이디어를 만드는 경쟁을 촉발할 것이라고 확신했다. 스킬링의 부하 직원들은 믿을 수 없을 정도로 오만했고 자기들에게 봉급을 주는 회사를 경멸했다. 월스트리트의 관례대로 그들 각자는 공허한 직함만을 받았다.

스킬링은 직원들을 1등급부터 5등급까지 나누어 평가하는 직원 근무평가 시스템도 만들었다. 하지만 정작 자신은 평가받지 않았다. 일등급을 받은 직원들은 짭짤한 보너스를 받았다. 하지만 5등급을 받을 경우 해당 직원이 그 앞 랭킹까지 오를 정도로 실적을 개선하지 않으면 해고를 각오해야만 했다. 직원들의 근무평가 회의는 호텔에서 열렸는데, 직원들 각자의 사진을 화면에 띄워 놓고 그들의 팀워크나 커뮤니케이션 능력을 평가했다. 어떤 직원이 협동능력에서는 최하등급을 받았지만 수익을 많이 냈다면 1등급을 받았다. 왜냐하면 직원에 대한 평가는 논쟁을 잘 하거나 자기 입장을 잘 설명하거나 목소리 큰 사람에게 전적으로 유리했기 때문이다. 이따금 자기 사람을 밀기 위해 사장들이 다른 직원의 승급을 저지하기까지 했다. 이 시스템에는 너무 많은 시간과 돈이 들어갔다. 근무평가 회의는 오전 8시에 시작해서 자정이나 되어야 끝나는 경우가 허다했다.

스킬링은 이 체계가 직원들의 지식, 혁신, 참여를 고무할 것이라 여겼지만, 무자비함, 이기주의, 탐욕만을 키웠다. 고객과의 관계에 관심을 두는 직원은 아무도 없었다. 왜냐하면 고객만족에 대한 보너스는 없었기 때문이다. 이 때문에 고객의 돈을 훔쳐간다는 평판까지 받게 되었다.

로버트 서튼은 직원들을 끊임없이 평가하여 등급을 나누는 조직을 신랄하게 비판한다. 서열과 신분의 차이를 강조하게 되면 우리의 가장 나쁜 면들이 드러난다. 알파맨과 알파걸들은 자기만 생각하고 상대방을 존중할 줄 모르고, 부하직원들은 소극적 자세를 보이며 수준 이하로 일한다. 수많은 조직에서 몇몇 스타 직원들에게는 보너스를 지급하지만 다른 직원들은 2등급으로 대우함으로써 이런 문화를 부채질한다.

몇몇 사람들이 다른 사람들보다 더 낫다는 것을 끊임없이 강조하고 실적을 직접 비교하여 계속 부각시키다 보면 팀원들끼리의 경쟁이 치열해져 결국 팀은 전체적으로 좋은 실적을 거둘 수 없게 된다. 속도에 적응해야 하는 기업 세계에서는 상호 신뢰가 자주 깨진다. 서튼의 견해에 따르면 이것은 필경 친구를 적으로 만든다. 내부 경쟁이라는 이유로 도전자를 무너뜨리려 하기 때문이다. 극단적인 내부 경쟁을 금지하고 있는 조직들은 좀 더 인간적인 분위기를 만들 뿐 아니라 훨씬 더 나은 실적도 낼 수 있다. 경쟁에서 탈락할 것을 걱정할 필요가 없게 만드는 조직은 직원들이 숨은 재능을 마음껏 발휘하도록 할 수 있다. 그런 조직에서는 여러 아이디어들이 더 자유롭게 공유되기도 한다. 왜냐하면 사람들은 자존심 상하는 분위기가 아니라 자신이 존중받는 분위기에서 정말 열심히 일하기 때문이다.

로버트 서튼의 견해는 통계적으로 입증된다. 노베이션스 그룹(Novations Group)은 체계적인 직원 평가 시스템이 있으며 직원 수가 2500명 이상의 기업에서 인사 업무를 보는 담당자 200명 이상에게 앙케이트 조사를 했다. 스탠포드 대학의 제프 페퍼와 서튼은 이 조사 결과를 읽어 보고 2006년에 발표한 연구에서 다음과 같은 결론에 도달했다. 직원들에게 의무적으로 평가를 받도록 하는 것은 생산성을 떨어뜨리고 불평등하다는 느낌을 들게 만들며 회사에 묶여 있다는 부정적인 생각을 하게 하고, 협동을 제약하며, 상사에 대해 불신감을 갖게 한다.

영원히 스타로 머물수 있는 사람은 아무도 없다. 경쟁과 승리는 동시에 다른 사람들을 돕고 그들을 존중할 기회를 얻게 될 때 멋진 것이다. 이와 달리 다른 사람에게 상처를 주며 경력을 쌓을 경우 그 결과는 대체로 개인의 비극으로 끝난다.

신경과 의사 키티 뮐러는 경쟁의식이 청소년기의 미숙함이나 오만함과 연결될 경우 인간 심리에 매우 위험하다고 본다. 그녀는 마흔 살이 되기 전에 노동능력을 상실한 환자를 치료한 적 있었다. 이 환자는 너무 빨리 그리고 너무 가파르게 경력을 쌓았다. 이런 환자들이 소진 증후군(Burn out)에 빠지기 전에는 하루에 몇 시간만 짧게 자고 주말에도 일하는 워크홀릭 단계가 있었다. 이들은 실패를 경험하지도 않았으며 자기 능력의 한계도 몰랐다. 아직 젊고 경험이 부족했기 때문에 그들은 자기 능력을 과신했다. 이 때문에 이처럼 일찍 승진한 사람들이 일터로 되돌아가는 것은 대단히 어렵다. 왜냐하면 이들은 앞으로 별 볼일 없는 일감만 받을 것이기 때문이다.

뮐러는 공감능력과 자기 인식의 중요성을 강조한다. 내가 내 마음이나 정서 상태를 알게 되면 다른 사람의 감정에 감정이입할 수도 있다.

많은 조직에서는 중단 없이 내부 경쟁을 시키는 것을 정상적이거나 심지어 강력하게 추천할 만한 것으로 생각한다.

래리 엘리슨이 이끌었던 회사 오라클(Oracle)은 지적이고 극도로 경쟁 지향적이라는 점에서 이 회사의 사장과 크게 비슷하다. 오라클은 데이터뱅크 관리 시스템 소프트웨어를 공급하고 있는데, 이 소프트웨어는 항공회사의 예약 시스템이나 보험회사 도서관에 사용된다. 하지만 세계에서 여섯 번째 부자인 오라클 사의 사장은 현 상황에 만족하지 않는 것처럼 보인다. 엘리슨은 이미 1997년에 마이크로소프트를 따라잡아 세계에서 가장 큰 프로그램 제조회사라는 타이틀을 거머쥐겠다고 말했다. 이를 위해 그는 누구든 자기 일에 공격적으로 나서지 않는다면 그런 직원은 해고하는 것이 유익하다고 단언하기까지 했다.

미국의 거대 IT기업 사장들이 경쟁 상대에게 압도적인 힘을 보이려 애쓰는 것은 유별나다. 경쟁으로 단련된 이들은 근무 외의 생활에서도 경쟁을 벌이는 것을 잊지 않는다. 오라클의 최고 경영자 래리 앨리슨은 수년 동안 마이크로소프트의 창업자인 폴 앨런과 세계에서 가장 큰 요트 소유자라는 타이틀을 걸고 경쟁을 벌였다. 앨리슨의 요트 라이징 선(Rising Sun)은 원래 길이가 120미터로 만들 예정이었다. 하지만 그가 앨런의 요트 옥토퍼스(Octopus)의 길이가 128미터라는 이야기를 듣고 계획을 변경해 이 배의 길이를 138미터로 늘여 건조하게 했다. 앨런슨의 요트는 너무 커서 여행을 많이 다니는 부자들인 제트 족들이 선호하는 보트 항구는 말할 것도 없고 세계 대부분의 항구에 정박할 수 없었다. 오만함 때문에 앨런은 유조선이나 화물선이 정박하는 산업항구에 배를 댈 수밖에 없었다.

이따금 누가 세계에서 가장 큰 물고기를 잡나, 혹은 장거리 스키 경주에서 누가 이길까와 같은 사소한 문제로 경쟁을 벌이는 경우도 있다. 1960년대 핀란드 대통령인 우로 케코넨은 낚시와 스키 솜씨로 유명했다. 대통령보다 더 큰 물고기를 잡거나 스키를 더 빨리 타는 것은 큰 실례로 여겨질 정도였다. 존 시몬은 이에 관한 흥미로운 에피소드를 전하고 있다. 세계에서 가장 큰 엘리베이터 제조회사인 코네(Kone)의 최고 경영자인 페카 헤르린은 케코넨 대통령과 딱 한 번 스키를 같이 탄 적 있었다. 두 사람은 똑같이 스포트라이트를 받기를 열망했기 때문에 헤르린에게 이 스키 경주는 고통스러웠다. 예전부터 케코넨은 늘 로이페(Loipe, 크로스컨트리 트랙)에서 추월당하려 하지 않았다. 그는 출발부터 결승점을 통과할 때까지 계속 일등이어야 했다. 1963년 크로스컨트리에서 헤르린은 이 은밀한 약속을 깨고 대통령을 추월해 일등으로 골인했다. 이로써 그는 자신이 대통령이 달리는 트랙에서 2등을 하려고 초대되지 않았다는 것을 증명했다.

동물의 세계에서는 최고로 힘이 센 두 마리가 만나면 어쩔 수 없이 싸움으로 이어진다. 인간들이라고 이보다 나을 게 없다. 최악의 경우적의 패배가 승장의 에고를 참을 수 없을 정도로 치솟게 한다.

2_ 오만에 빠진 에고

에고가 너무 확장될 경우
과대망상이나 난청이 일어난다.
실수를 인정하지 않게 되고,
다른 사람들을 무시하고 자기가 한 일을 부인한다.

여러 나라의 행정부 건물이나 수도의 가장 큰 광장에 가보면 어김없이 동일한 형태의 동상을 볼 수 있다. 망토나 군복을 입고 진지한 표정으로 말을 타고 있으며 손에는 칼을 들고 있는 동상 말이다. 이따금 혁명기에는 동상이 철거되기도 하고 다른 동상으로 대체되기도 한다. 하지만 동상의 주인공은 항상 그 나라 사람들로부터 존경받는 위대한 인물이다.

시안에는 중국 최초의 황제인 진시황의 동상이 있다. 진시황은 자기 나라의 모든 책들을 불태우고 460명이나 되는 학자들을 생매장했다. 그들이 불로장생의 비밀을 자신에게 알려주지 않았다는 이유로 말이다. 이 조치에 대해 진시황의 아들이 학자들은 황제의 지시를 따랐을 뿐이라고 변호하자 황제는 아들조차 북쪽으로 귀양 보내버렸다. 진시황은 자신은 신과 같은 능력이 있다고 확신했다. 그는 이런 초자연적인 존재들과 같은 반열에 있다는 것을 과시하기 위해 전국에 탑을 쌓게 했다. 진시황은 시안 근처에 52평방킬로미터 규모로 우주를 상징하는 거대한 자기 묘를 짓게 했다. 그리고 이 묘를 지키기 위해 7천 기 이상의 군인 병사 모양의 점토인형을 제작하게 했다. 이곳은 오늘날 중국에서 가장 유명한 관광지가 되었다. 이 일을 위해 황제는 70만 명의 노동자들을 동원했다.

마오쩌둥은 진시황의 통치술에 감복했다. 천안문 광장에는 마오의 대형 초상화가 걸려 있다. 마오는 이미 청년 시절부터 중국 인민을 부정적으로 보았다. 1917년 후난 사범학교를 다니던 시절 그는 중국 인민들은 본성상 무기력하고, 편협하며, 노예상태에 만족하며 살아가고 있는 인간들이라고 이야기했다. 더욱이 그는 당과 송나라 이후에 나온 모든 책들은 불살라 버려야 한다는 생각을 하기도 했다. 일기에서 그는 '살인하지 말라' 혹은 '거짓말 하지 말라'는 계율을 어겨도 양심의 가책을 느낄 필요가 없다고 썼다. 이것은 분명히 그의 선입견에 불과할 것이다. 이런 사람은 평화가 오래 지속되는 것을 참지 못하기 때문에 분쟁과 같은 큰 파도가 계속 일어나는 일이 필요했을 것이다. 1958년에 행한 연설에서 그는 사람을 죽이는 것은 나쁜 행위가 아니며, 이데올로기와 국가를 위해서라면 중국 인구의 절반이 희생되어도 좋을 것이라고 말하기까지 했다.

몽고에서는 징기스칸이 민족의 영웅 대접을 받는다. 울란바토르 (Ulan Bator) 외곽에 그를 기리기 위해 높이 40미터 크기의 동상이 서 있을 정도이다.

징기스칸은 베트남부터 폴란드에 이르는 대제국을 건설했을 때 3천만에서 4천만까지 이르는 엄청난 수의 사람들을 살해하게 한 도살자였다. 그는 "적의 땅을 정복하여 적을 내쫓고, 그들의 재산을 빼앗고 그들 가족의 눈에서 눈물이 흐르는 것을 보며, 그들의 말을 타고 그들의 부인과 딸들을 취하는 것이 나의 가장 큰 기쁨"이라고 말하기까지 했다.

타슈켄트에는 이스파한 시민 7만 명을 모두 학살한 후 25미터 높이의 해골탑을 쌓았던 티무르의 웅장한 동상이 서 있다. 1993년 우즈베키스탄 독립 2주년 기념일을 맞이하여 이 도시의 중심부에서 열린 티무르의 동상 제막식에서 카리모프 대통령은 티무르를 영웅이며 애국자라고 추켜세웠다.

셰르부르 시의 중심부에도 거대한 나폴레옹 동상이 있다. 나폴레옹(6백만 명을 희생시킨 장본인)을 기리기 위해 프랑스 전역에 이와 비슷한 동상들이 건립되어 있다. 이런 동상은 루앙, 라로슈쉬르용, 라프레나 그 밖의 소도시에도 세워져 있다. 나폴레옹은 오스트리아 외무장관인 메테르니히에게 전쟁을 승리로 이끌기 위해서라면 프랑스 군인 백만 명 정도 희생시키는 것은 문제도 아니라고 말한 적도 있었다.

벨기에 왕 레오폴드 2세(Leopold II, 2백만 명 희생시킨 왕)의 동상도 브뤼셀의 트론 광장에서 말을 타고 위풍당당한 위용을 자랑하고 있다. 그는 식민지를 갖고자 하는 욕심에 너무 집착해 벨기에보다 76배나 큰 콩고를 복속시켰다. 벨기에 령 콩고공화국 시절에 자행되었던 일들은 인류 역사상 가장 끔찍한 인종말살과 인권침해의 사례로 꼽힌다. 40년 동안 콩고의 인구는 2천만 명에서 천만 명으로 줄었다. 원주민에 대한 몰염치한 착취와 광범위한 인권침해에 관한 보고들은 —노예제도, 사지절단, 강간, 살인―20세기 초반 레오폴드 왕이 취한 조치들에 국제사회의 반대를 불러일으켰다.

스탈린(3천만 명을 희생시킴)은 몇 년 전에 있었던 여론조사에서 러시아에서 가장 위대한 영웅 가운데 한 명으로 뽑혔다. 스탈린은 공포정치를 폈고, 소수민족들을 강제 이주시켰으며, 정치범들을 강제노동시켰고, 강제노동 교화소인 글라그 시스템(Gulag-system)을 만들었다. 스탈린은 개인의 죽음은 비극이지만 수백만의 죽음은 그냥 통계수치에 불과하다고 말했다.

잔인한 권력자들은 계속 존경을 받고 그들의 동상들은 새똥자리가 되고 있다. 히틀러, 니콜라에 차우세스쿠, 사담 후세인이 나쁜 사람이라는 것만은 모두 동의한다. 후세인은 메시아가 되겠다는 욕심과 고삐 풀린 공격성을 가지고 있으며 양심의 가책이라고는 전혀 모르는 편집증 환자라는 소릴 들었다. 다른 독재자들도 이와 마찬가지의 평가를 받고 있다. 동상을 세울 자격이 있는가의 기준은 당사자가 좋은 사람인가가 아니라 좋든 나쁘든 간에 그가 중요한 의미를 가지고 있는가이다.

누구나 한 번쯤은 권력에 굶주린 사람을 만난 적 있을 것이다. 이상적인 경우 이런 사람들은 매력적이고 목적의식이 뚜렷하며, 카리스마 있게 행동한다. 하지만 그들은 독재자처럼 굴 수도 있다. 그들에게는 모든 문제에 있어서 확고한 답이 있어 다른 사람들의 말을 잘 듣지 않는다.

권력에 굶주린 사장은 야심에 불탄다. 왜냐하면 요즘 세상에 야심은 높이 평가되는 성격이기 때문이다. 새로 사장이 오면 늘 뭔가 새롭게 바꾸고 발전시키고자 한다. 사람들은 이를 위해 100일의 시간이 필요하다고 말한다. 많은 기업자문가들은 이 기간을 모든 것이 가능한 단계 혹은 모멘텀(momentum)이라 말한다. 이 기간 동안 그는 고삐를 죄고 열심히 이리저리 뛰어다닌다. 조직구조를 바꾸고 이사회나 경영진에 새로운 인물을 영입하고 자기가 구상한 체제를 갖춘다.

이에 업무효율성이 올라가면 그는 못할 게 없으며, 어떤 분야에서도 탁월한 능력이 있다는 자신감을 키우게 된다. 이런 관리자의 기고만장함은 한도 끝도 없다. 그는 결국 과대망상에 걸린다.

루이 14세는 베르사유에서 6천 명의 신하를 거느리고 화려한 궁정생활을 누리는 것에 만족하지 못하고, 백성들에게 좋은 취향이 무엇인지를 결정해 주고자 했다. 재위 기간 동안 그는 좋은 취향이 무엇인지를 정하는 관리(législateur du goût)를 뽑아서 시(詩)는 무엇에 대해 써야 하고 어떻게 써야 하는지를 정하게 했다. 심지어 러시아 표트르 대제는 백성들이 어떻게 옷을 입어야 하는지도 정해 주었다. 오리엔탈 스타일의 의복은 금지되고 남자들은 반드시 면도를 해야 했다.

소련의 터무니없는 계획에 비하면 이집트 피라미드는 아무것도 아니다. 소련은 1930년대 시베리아에 흐르는 강의 물길을 돌려 남부지방의 면화 밭에 물을 충분히 공급하려는 계획을 수립했다. 사람들은 이 사업이 백년은 걸릴 프로젝트라고 말했다. 이 계획은 수많은 시행착

오 끝에 1986년에 포기했지만, 면화 밭에 물을 대기 위해 물길이 돌려졌던 1960년대에 이미 아날 호는 파괴됐다. 호수의 연안선은 여기저기서 60킬로미터나 이동했고, 호수의 면적도 1/4로 줄어들었다.

이따금 일시적 감정에 의해 즉흥적으로 결정을 내린 일도 있었다. 마오쩌둥은 곡물 수확량을 늘이기 위해 중국에 서식하는 모든 참새들을 박멸하라고 명령했다. 과학자들의 경고에도 불구하고 참새들은 씨가 마를 정도로 사라졌다. 그러자 중국은 해충들이 들끓어 막대한 피해를 입기 시작했다. 그래서 마침내 중국은 소련에 10만 마리의 참새를 공급해 달라고 요청해야 했다.

마오는 중국의 유구한 전통 문화를 모두 없애 버리려고도 했다. 문화혁명 기간 동안 베이징에서만 4천 개 이상의 역사 유적이 사라졌다. 마오쩌둥은 1976년 사망했고 그다음 해에 문화혁명은 끝났다고 선포되었다. 마오 다음에 등장한 중국 권력자들은 더 이상 우상 숭배를 하지 않았다. 심지어 덩샤오핑은 자기 동상을 세우지 말라고 요구하기까지 했다.

인류문화학자 제러드 다이아몬드는 멸망한 수많은 사회에서는 반드시 통치자의 과대망상과 비슷한 특징들이 있다고 주장한다. 농업의 도입과 인구의 증가는 엄청난 속도로 경제를 성장시킴으로써 종종 통치자의 과대망상을 자극한다. 마야문명의 통치자들은 상대방을 능가하기 위해 점점 더 화려한 사원을 세웠다. 이스터 섬(Easter Island)에도 모아이 석상을 세웠다. 그러나 마야 인이나 이스터 섬의 지배자들도 자신들을 위협하는 진짜 위협에 대응하려 하지 않았다. 과거 사원이 있던 구역이 열대우림으로 덮여 있고 이스터 섬도 메말라 사막처럼 변한 오늘날 이곳은 쓸쓸한 적막만 흐른다. 사원과 석상을 놀란 눈으로 쳐다보는 단체 관광객들만 이미 사라진 시대의 위대한 문화를 떠올릴 뿐이다.

스페인 왕 필리페 2세(Philipp II)는 수행원이 왕의 안락의자를 옮기는 일을 담당한 관리를 너무 늦게 불러와 벽난로에 화상을 입은 적도 있었다. 지금까지 이야기한 모든 내용은 개별적 사례라 일반화하기에는 한계가 있다.

난청

미국 남북전쟁 때 조지 암스트롱 커스터(George Amstrong Custer)는 결코 유명한 장군이 아니었다. 그런데 그는 남부군 육군소장이라는 계급을 스스로 달고 휘황 찬란한 비단 군복을 입을 생각을 했다. 그는 국민의 존경을 받고 싶어 했다. 그는 자신을 탁월한 명장이라 생각했기에 참모들의 충고를 듣지도 않고 부당한 명령을 내렸다. 커스터는 양심도 없고 다른 사람들을 착취하여 벼락출세한 사람이라고 알려져 있다. 그는 부하들에게 도저히 할 수 없는 일을 요구했고 많은 부하들이 그를 증오했다.

1868년 커스터는 샤이엔 족을 공격해 103명의 인디언들을 죽였다. 그 가운데 절반이 여자와 어린 아이들이었다. 이 때문에 샤이엔 족은 커스터를 '아녀자 살인마'라고 조롱했다. 커스터는 치밀하게 작전을 짜 싸우는 군인이 아니라 본능에 따라 싸우는 군인이었다. 그는 인디언에 대한 증오로 전장에 나갔다. 1876년 그는 몬타나의 리틀 빅 호른에서 크레이지 호스(Crazy Horse)와 시팅 불(Sitting Bull)이 지휘하는 인디언 부대를 공격할 준비를 마쳤다. 전투가 벌어지기 전에 그에게는 독단적 행동을 하지 말라는 엄한 명령이 내려왔다. 그는 지원부대가 보충될 때까지 대기하라는 명령을 받았음에도 공격을 개시했다. 그는 손쉽게 승리할 것이라 계산했던 것이다. 하지만 커스터와 그의 부하들은 거의 몰살당했다.

오만함이 가장 강력하게 드러나는 현상은 다른 사람의 말을 잘 듣지 않는 태도이다. 루이 16세는 1789년 다른 사람들의 경고를 무시하고 자신이 했던 약속도 깨고 극도로 보수주의적인 정부를 구성하여 제3신분(시민계급과 농민)의 권리를 보살피지 않았다. 뿐만 아니라 백성들의 식량공급을 걱정했던 몇 안 되는 대신들 가운데 한 명인 재무대신 자크 네케르까지 해임했다. 백성들이 네케르의 해임 소식을 알았을 때 프랑스 대혁명이 시작되었다.

자기 확신이 강한 사람은 자기 생각에 따라 행동하며 그 누구의 충고도 듣지 않고 도움도 받지 않는다. 그는 앞을 보고 전속력으로 내달리기만 한다. 이렇게 전속력으로 달리기에 경험이 많은 부하들의 생각에 귀 기울일 시간이 없다. 나폴레옹은 자기 확신이 강한 통치자의 대표적인 사례이다. 사관생도 시절부터 나폴레옹은 수학 과목에 있어서 다른 생도들이 따라올 수 없을 정도로 출중하다는 자신감이 있었다. 그는 거리, 행군 속도, 식량의 보급, 운송수단이 전투에 얼마나 중요한 의미를 가지는지, 그리고 전사자와 부상자가 얼마나 중요한지를 알고 있었다. 나폴레옹은 능숙하게 계산하고 분명한 지침을 내릴 수 있었다. 여기다 그는 독도법에도 능했다. 그는 지도만 보고도 실제 전투가 벌어질 장소를 눈으로 보듯 환하게 꿰고 있었다. 다른 장교들과는 달리 나폴레옹은 한 전투지점에서 다음 전투지점까지의 거리를 단숨에 말할 수 있었다.

이로써 모든 것이 분명해졌다. 나폴레옹은 군사작전의 천재이기 때문에 다른 사람의 도움이 필요 없었다. 하지만 그는 나르시시즘적인 인격 장애를 앓았다. 이처럼 병적으로 자기중심적이고 명예욕에 불타는 지도자의 참모로 일하는 것은 견디기 힘들다.

나폴레옹에게 감탄한 베토벤은 자기가 작곡한 세 번째 교향곡을 그에게 바칠 생각까지 했다. 하지만 나폴레옹이 스스로 황제가 되자 베토벤은 분노했다. 그는 나폴레옹이 평범한 독재자로 그 정체를 드러냈다고 생각했던 것이다.

성격상 나폴레옹은 권한을 부하에게 나누어주려 하지 않았고, 주로 자기 명령을 정확하게 수행한 군인에게만 상을 주었다. 그래서 부하들은 스스로 생각하기보다는 나폴레옹이 지시한 대로만 움직이려 했다. 이것이 그의 제국을 몰락시킨 근본적 약점이었다. 나폴레옹은 군인출신 부하들만 요직에 앉혔기 때문이다. 장군이나 사령관들은 멀리 전장에 나가 있는 군인들만 지휘한 것이 아니라 지방과 왕국 전체를 지휘했다. 외교정책까지 관장한 군인들은 국제정세에 잘 대처하지 못했다.

나폴레옹의 군대에서는 스스로 나서 문제를 해결할 사람이 없었다. 모든 사람들이 혼자 통치하는 황제에게 의지했다. 그래서 아무도 혼자 힘으로 생각하라고 말하지 않았다.

나폴레옹은 거의 무자비할 정도로 목표 달성에 집착했다. 프랑스가 유럽 지도에서 제1위의 자리를 잃게 되자 사람들은 그에게 명예롭게 퇴진할 것을 건의했다. 그는 제일 처음에 나온 1799년의 국경선으로 돌아가자는 제안을 거부했고, 그다음 1792년의 국경선으로 돌아가자는 제안도 거부했다. 그러자 군대가 그에게 등을 돌렸고, 그는 엘바 섬에 유배되었다. 1815년 엘바 섬을 탈출하여 다시 한번 군대를 모았지만 워털루에서 치명적인 패배를 당했다. 그는 또다시 참모 장교들의 조언을 듣지 않고 적장인 웰링턴을 깔보았다. 이에 반해 웰링턴은 나폴레옹을 높이 평가하며 치밀한 작전을 짜 승리할 수 있었다.

1799년 나폴레옹이 정권을 잡았을 때 프랑스는 유럽에서 가장 강력한 왕국이었다. 그가 1815년 세인트 헬레나 섬으로 유배되었을 때, 프랑스는 유럽 최강국이라는 지위를 잃었다. 17년 간 치러진 전쟁이 끝난 후 사망자만 수백만 명이 나왔고, 프랑스의 국가 재정은 파산 수준 이었으며, 식민지도 잃어버렸다.

나폴레옹은 사람들을 열광시키는 법을 알았다. 하지만 자기와 다른 의견을 받아들이지 않고 경멸하는 인간이기도 했다. 중국 황실을 무너뜨린 중요한 군사 지도자 장제스 역시 이와 비슷한 유형이다.

장제스는 1927년 중국 공산당과 연합하여 상하이와 난징을 점령하고 그다음에 베이징을 점령함으로써 중국의 최고 권력자의 지위에 올랐다. 그의 군대는 공산당의 군대보다 두 배로 강했다. 게다가 미국의 지원까지 받았다. 하지만 그것만으로는 부족했다.

장제스는 아주 단순하고 고전적인 이유로 중국 인민의 신뢰를 잃었다. 그는 일반 농민이 먹고 사는 문제에 무관심했다. 해리 길버트에 따르면, 이 때문에 그의 정책은 모든 부분에서 실패했다. 세금 부담이나 부패는 계속 늘어났다. 정부와 농민의 사이는 멀어지기만 했다. 관료와 군인들이 인민을 대하는 태도 역시 오만함과 무능력 그 자체였다. 그들은 지방 호족들도 섭섭하게 만들고 그들의 말에 귀를 기울이지도 않았다. 이에 반해 공산당은 농지개혁을 약속하며 농민을 자기편으로 끌어들였다. 이 때문에 장제스는 공산주의자와 마오쩌둥에게 권력을 넘겨 주고 타이완 섬으로 도망갈 수밖에 없었다.

오늘날 어떤 조직에서나 가장 중요한 것은 '협력'과 '팀워크'다. 아무리 천재라 해도 그가 다른 사람의 의견에 귀를 기울이고 그것을 받아들일 능력이 없다면 아무것도 이룰 수 없다. 트로츠키(Leo Trotzki)도 여기에 발이 걸려 넘어졌다.

트로츠키가 레닌의 뒤를 이어 소련의 권력자가 될 것이라는 것은 거의 확실했다. 그는 10월 혁명을 조직했고 내전에서 붉은 군대의 책임자이기도 했다. 그는 국제적으로 유명한 연설가이자 저술가로 이름이 나 있었다. 하지만 그는 혁명 동지들과의 관계에서 큰 문제를 안고 있었다. 그는 팀을 이루어 일하는 것을 거부했고 너무 오만했다. 책상에 앉아서 일하는 것에 별 취미가 없었기 때문에 행정가로서도 낙제점이었다. 탁월한 능력을 지니긴 했지만 신경질적인 성격의 그는 자기 조직조차도 자기 편으로 만들 수 없었다.

나중에 트로츠키는 다음과 같이 썼다. "내가 한 일을 생각해 보면 적이 많다는 게 하나도 이상하지 않다. 나는 수단과 방법을 가리지 않았고, 급한 성격에 다른 사람들을 밟고 지나갔다. 내가 사과할 수 없을 정도로 너무 성급한 짓이었다."

트로츠키보다 성격이 덜 급했던 스탈린은 막후에서 움직이기 시작했다. 그는 일찍부터 레닌이 기계처럼 일사분란하게 움직이는 중앙기관을 만들었다는 것을 알고 있었다. 스탈린은 스포트라이트를 받는 것을 피했으며, 자신을 도울 네트워크를 구축하는 데 집중했다. 트로츠키는 스탈린의 영향력이 커지는 것과 소비에트 관료주의가 세력을 확대하는 것에 반대하려 했지만 권력투쟁에서 지고 말았다. 우위를 점하고 있던 스탈린은 트로츠키를 떨쳐 버리기 위해 그리고리 지노비예프나 레프 카메네프와 연합전선을 폈다. 트로츠키는 공산당에서 축출되고 멕시코로 망명을 가 그곳에서 암살당했다. 만약 트로츠키가 동료들을 존중함으로써 스탈린이 권력자로 부상하는 것을 막을 수 있었다면 이 세상이 어떻게 되었을지 알 수 없다.

프랑스는 1963년부터 1996년까지 폴리네시아 제도에 속한 아톨 무루로아(Atoll Mururoa)에서 지하 핵실험을 했다. 이에 반대하는 여론을 프랑스 정부가 무시하자 그 계획에 점차 차질이 생기기 시작했다. 핵실험을 멈추게 한 것은 프랑스령 폴리네시아가 독립운동을 펼칠 것이라는 강력한 압력이었다.

프랑스 비밀정보부대(DGSE) 소속의 특수부대가 1985년 7월 10일 뉴질랜드의 오클랜드 항구에 정박해 있던 (그린피스의) 레인보우 워리어(Rainbow Warrior)호를 침몰시켰다. 이 배는 지하 핵실험에 대한 반대의사를 표시하기 위해 아톨 무루로아로 떠날 예정이었다. 이 배가 폭발할 때 승무원도 사망했다. 이 사건이 일어난 지 꼭 20년 만에 프랑스 정부는 이 배를 공격하라는 명령은 프랑수아 미테랑 대통령이 직접 내린 것이라고 발표했다. 이해할 수 없는 미테랑의 결정은 프랑스의 고립을 촉진했다. 이 결정으로 오스트레일리아, 파푸아 뉴기니아, 뉴질랜드 외에도 남태평양의 모든 섬나라들이 참여한 라라통가(Raratonga-Abkommen)협정이 조인되었다.

오만 신드롬

영국 수상 토니 블레어도 여론을 무시해서 곤욕을 치렀다. 영국 외무부에서 일한 적 있었던 데이비드 오원은 『권력과 질병』(In Sickness and Power)에서 권력과 질병 사이의 인과관계에 대해 쓴 적 있다. 통치자의 심근경색과 정신병의 사례를 자세히 살펴 본 뒤 그는 오만 신드롬(Hybris-Syndrom)은 권력자들이 가장 흔히 걸리는 병이라는 결론에 도달한다. 오원에 따르면, 가장 쉽게 확인할 수 있는 이 질병의 증상은 자기가 내린 결정을 절대로 바꾸지 않는 것이다. 그것은 실수를 인정하는 것이기 때문이다. 이런 오만 신드롬은 단지 독재자뿐 아니라 모든 권력자에게 위험한 것이다.

오원은 자기가 쓴 책의 상당한 부분을 미국의 부시(George W. Bush) 대통령과 영국의 토니 블레어 총리에게 할애했다. 직접 블레어 행정부에서 일했기 때문에 오원은 이 영국 총리가 결정을 내리는 방식을 가까이에서 지켜볼 수 있었다. 이라크 침공은 그가 난청에 걸려 전문가들의 의견을 얼마나 무시했는지를 보여주는 대표적인 사례이다.

오원에 따르면, 토니 블레어는 물론이고 조지 부시에게도 세 가지 부정적인 성격이 있다. 그것은 자신감에 넘치고 열심히 일하며 디테일(세부적인 사항)에 별로 관심을 보이지 않는다는 것이다. 이들은 혼자 결정을 내리고 충고를 듣지 않으며, 자기 생각에 의문을 제기하는 사람들의 말을 거의 귀담아 듣지 않는다. 열심히 일하는 성격이지만 디테

일이 약해 상황을 완전하게 파악하지 못하는 성격이 남의 조언을 듣지 않으려는 성격과 결합했기 때문에 필연적으로 심각한 결과가 나올 수밖에 없었다. 블레어는 연설하는 것을 좋아하고 자기가 중심에 서는 것을 열망했다. 그리고 그는 외무부가 제공한 전문지식을 거의 이용하지 않았다.

어떤 한 행위의 결과가 원래 해결하고자 하는 문제들을 더 키운다면, 그것이 오만 신드롬의 대표적인 특징이다. 블레어와 부시가 이라크 공격을 결정했을 때, 아주 중요한 것을 빠뜨려 잘못 계산함으로써 기대가 어긋났다. 미국과 영국은 유엔 안전보장이사회에 당시 이라크에서 이루어지고 있던 무기 수색이 45분 안에 사용할 수 있는 사담 후세인의 대량살상무기를 찾아내기에는 역부족이라는 것을 확신시키려 했다. 전 세계적으로 이 전쟁을 반대했지만 블레어와 부시는 2003년 3월 연합군으로 하여금 이라크를 공격하게 했다.

외무장관 로빈 쿡은 블레어의 신뢰를 받고 있었으나 이라크 전쟁에 대한 이견으로 사임했다. 영국 저개발국 원조부 장관이었던 클레어 쇼트는 2003년 3월 사임했다. 그녀는 유엔 안전보장이사회가 이 공격을 승인하지 않았고 따라서 국제적인 지원을 받지 못할 것이라는 이유로 이라크 전쟁에 반대했다.

전체 투입 군인의 1/3 수준인 4만8천 명의 영국군이 이라크에 투입되었다. 이라크 점령 후 검사관들이 대량살상무기를 찾아내지 못하자 블레어 정부는 정보기관이 제공한 정보를 위조했다는 비난을 받왔다. 이라크 전쟁이 초라하게 끝난 후 2006년 3월에 실시한 여론조사에서 겨우 26퍼센트만이 블레어에 만족했다. 그는 2007년 자리에서 물러났다.

조지 부시에 대한 만족도도 역대 대통령 최악이었다. 부시도 한순간에 모든 것을 잃었다. 미국의 월드 트레이드 센터가 테러당했을 때 부시의 인기도는 거의 90퍼센트에 가까웠다. 프랑스 신문 르몽드조차도 테러 공격이 있은 다음 날 다음과 같이 썼다. "우리 모두가 미국인이다." 미국에 대한 동정이 널리 퍼져 있던 시절이었다.

하지만 부시와 그의 행정부는 세계경찰의 역할을 떠맡겠다고 결정하고 아프가니스탄과 이라크를 거의 동시에 공격했다. 고문까지 허용했다. 대테러 전쟁은 실패했고 부시는 국제적인 불신을 받았다. 그는 자기 권위를 너무 과신했던 것이다. 2009년 가을 〈외교정책〉(Foreign Policy)이라는 잡지에서 시행한 여론조사에서 대다수 외교 전문가들은 미국 때문에 세계는 더 위험해졌다는 견해를 밝혔다. 이것은 대테러 정책을 통해 달성하고자 했던 목표와는 정반대 결과였다. 러시아 대통령 블라디미르 푸틴도 2014년 이와 유사한 상황에 빠졌다. 우크라이나 위기는 러시아와 서방 국가들 간의 갈등을 고조시켜 극단적 긴장관계로 몰고 갔다. 러시아의 자평에 따르면 푸틴은 단 하나의 실수도 범하지 않았다. 실수는 오로지 러시아 국경선 밖에서만 저질러졌다.

아무도 완벽한 사람은 없다. 그래서 누구나 자기 의견 외에 다른 사람들의 의견을 필요로 한다. 늘 자신이 옳다고 우기는 사람은 자기 잘못을 인정하는 사람보다 신뢰하기 더 어렵다. 이탈리아의 카사 (Giovanni della Casa) 주교는 1558년에서 쓴 언행록에서 자신이 늘 옳기만을 바라는 인간의 광적인 소망을 비판한다. 누구나 논쟁에서 이기고자 하고, 무기나 말로 하는 싸움에서 지는 것을 두려워한다. 카사 주교를 비롯해 언행록을 쓴 사람들은 목표를 성취하고 싶으면 겸손하고 관대하게 말하라고 충고한다.

오하이오 대학의 폴 너트는 어떤 조직이 성공하는지 알아보기 위해 수십 년 동안 수백 개의 조직을 연구했다. 실패한 조직의 1/3은 그 조직의 수장이 자기중심적으로 행동했기 때문이었다. 그들 가운데 60퍼센트 이상이 다른 대안이 있는지 살펴보지 않았다. 그리고 80퍼센트 이상이 권력을 이용해 결정을 관철시키거나, 아이디어 자체의 가치보다는 설득이나 강요로 목적을 관철했다.

다른 사람의 의견을 무시하면 손해를 피하기 어렵다. 눈에 보이지 않게 상대의 의견을 무시하는 것은 특별히 곤혹스럽다. 미리 결정을 내려놓고 직원들에게 의견을 구하는 것이 그런 경우다. 기업은 민주적 원칙에 따라 일할 필요가 없다. 하지만 실제로 그렇게 하지 않으면서 기업이 민주적인 척할 경우 민주적인 도덕은 파괴될 것이다.

오늘날까지도 블레어나 부시는 이라크 정책이 틀리지 않았다고 말한다. 국가 수반이 자기가 실수했다고 인정하는 것은 금기인 것만은 분명하다. 국제정치에서는 "잘못은 늘 남이 저지른다"는 것이 법칙처럼 지배한다.

나는 실수하지 않는다

1073년에 힐데브란트라는 수도사가 교황으로 선출되었다. 그는 그레고리우스 7세가 되었다. 힐데브란트는 겸손하지 않았다. 그는 자신의 목표를 나중에 교황교서라고 알려진 짧은 문장에 요약했다. 이 교서에서 특히 힐데브란트는 오직 로마의 주교 (즉 자기 자신만이) 보편적이고, 모든 제후들은 자기 앞에서 허리를 굽혀 발에 입을 맞추어야 하며, 그 누구도 자기에게 유죄 판결을 내릴 수 없다고 선언한다. 그 밖에도 그는 로마교회는 틀린 적이 없고 앞으로도 영원히 틀리지 않을 것이라고 확언한다.

실수를 인정하는 것을 좋아할 사람은 없다. 이보다는 오히려 남의 실수를 들추어 내는 것을 더 좋아한다. 핀란드의 운전자들 가운데 많은 사람들이 힐데브란트와 비슷한 정신 상태에 있다.

북유럽의 운전자들은 다른 운전자에게 (위험을) 경고하기 위해 경적을 울리는 것이 아니라 그들이 실수했다는 것을 지적하기 위해 경적을 울린다. 북유럽 운전자들의 세계관은 자신보다는 다른 사람이 더 많이 틀린다는 확신에 기초하고 있다. 누군가 신호를 받고도 너무 천천히 출발한다면 용서받기 어렵다. 이것은 자전거 운전자나 노르딕 스키어에게도 적용되는데, 이 경우 원칙적으로 거칠고 공격적인 질책을 들을 수도 있다.

실수를 범하지 않으려는 라이프 스타일은 위험하다. 왜냐하면 세상은 실수로 가득 차 있기 때문이다. 그렇게 사는 사람은 웃지 않을 것이다. 건방진 사람들은 유머를 모른다. 유머란 자기의 약점이나 실수를 소재로 남들을 웃기는 자기 아이러니이기 때문이다.

하지만 실수를 하지 않는 사람은 없다. 자연에 의한 선택은 이 실수로 인해 생긴 상황에 어떻게 적응하느냐에 달려 있다. 실수하지 않는다는 것은 바로 자연스럽지 않은 것이다. 하지만 사람들은 자기가 실수한 것을 인정하려 들지 않는다.

2009년 컨설팅회사 크라우트함머(Krauthammer)가 유럽 노동자들이 사장을 어떻게 생각하고 있는지를 설문 조사한 결과에 따르면, 유럽 사장들의 가장 큰 결점은 자기 실수를 인정하려 들지 않는다는 것이다. 5명 가운데 4명이 경영진이 자기 실수를 인정하기를 소망했다. 직원들을 상대로 한 이 여론조사 결과에 따르면 유럽 회사의 사장들 가운데 자기 실수를 인정하는 사람은 절반이 되지 않는다.

기업의 결산보고에서도 자기 실수를 인정하지 않는 태도가 보인다. 좋은 실적을 올리면, 그것은 전적으로 조직의 능력 덕분이다. 하지만 실적이 나쁠 경우 경기를 탓하거나 다른 외부적 요인을 들이댄다. 매튜 헤이워드의 견해에 따르면, 도를 넘은 자신감은 기업가의 악덕이다. 이런 기업가들은 자기 능력은 과장하고 약점은 축소한다. 세계적인 마케팅 전략 전문 기업 '리스 앤 리스'의 사장 알 리스는 지금까지 기업의 사장이 자기 실수를 인정하는 것을 단 한 번도 보지 못했다고 주장한다.

1368년 중국은 주원장이 권력을 잡았다. 명나라를 세운 그는 자신을 홍무제라고 불렀다. 홍무(洪武)란 군사적으로 전지전능하다는 뜻이다. 홍무제의 무조건적이고 교만한 통치 스타일은 외부세계에 대한 명 왕조의 쇄국적 태도의 토대가 된다. 홍무제는 어떤 비판도 참지 못했다. 그를 비판하는 조언자들은 법에 따라 처형되었다.

홍무제는 반란이나 혁명이 일어나는 것을 두려워했다. 많은 신하들이 황제를 칭송해야 하는 글에 무례한 말장난을 끼워 넣었다는 의혹을 사 처형을 당하기도 했다. 황제의 선조들을 암시하기 때문에 절대로 사용해서는 안 되는 말들도 있었다. 더군다나 황제가 있는 곳에서는 모든 사람들이 구보로 이동해야 했다. 1380년 홍무제는 총리대신이 모반을 꾸미고 있다는 의심을 품었다. 그는 이 총리대신뿐 아니라 그의 온 가족과 그와 접촉한 모든 사람들을 참수시켰는데, 그 숫자가 무려 4만 명에 달했다. 홍무제는 권력을 이용해 광기를 부린 극단적인 사례이다.

고대 그리스의 철학자들 가운데 필로데모스는 특히 정직이라는 미덕에 냉소적인 말을 했다. 정치가들이나 공적인 일을 하는 사람들은 명성을 탐한다. 이것은 그들을 아부에 익숙하게 만들고 자기에 대한 비판에 알레르기 반응을 보이게 만든다. 이 때문에 그들은 자신에 대한 모든 비판 뒤에는 불순한 동기가 숨어 있다고 생각한다. 가령 자기 명성에 대한 질투심 같은 것 말이다.

어떤 비판도 참지 못하는 남자에 대한 교과서적인 사례는 1990년대

통신 분야의 선도 기업이었던 핀란드 통신사 소네라(Sonera)의 사장 카이 에리크 리랜더(Kaj-Erik Relander)이다. 리랜더는 모든 경고를 한쪽 귀로 듣고 한쪽 귀로 흘려 버림으로써 40억 유로 이상을 낭비했다. 주가가 좋을 때 스웨덴 사람들은 예전에 핀란드 왕실 소유였던 이 통신회사의 주식을 사들였다.

1992년 핀란드의 이 이동통신사는 최초로 전 세계를 커버하는 이동통신 시스템인 GSM-네트워크를 열었다. 그런데 이 회사는 일 년 만에 국제전화 부문에서 독점권을 상실하고 격심한 경쟁체제에 들어가게 되었다. 소네라는 국제통신시장에 진출하여 특히 헝가리, 터키, 그리고 발트해 국가들의 이동통신사의 지분을 소유했다. 1990년대 후반에 소네라는 분명히 세계시장을 이끄는 선도적인 이동통신사였다. 이 회사의 경영진은 소네라는 글로벌 통신기업이 될 것이며, 끊임없이 새로운 서비스를 제공할 것이라고 선언했다. 소네라의 주식 가치는 2000년 3월 4천2백2십억 핀란드 마르크(700억 유로) 이상으로 올라 펩시콜라의 가치에 접근했다.

소네라의 경영진은 현실감각을 상실하고 감사기관의 경고도 한 귀로 듣고 한 귀로 흘려 버렸다. 리랜더는 아주 위험한 투자 결정을 내렸다. 소네라는 독일과 이탈리아 차세대 이동통신의 사업권 인수에 나섰고 이 사업에 어마어마한 금액을 투자했다.

리랜더의 경영 스타일은 소네라 직원의 근무 분위기를 망쳐 놓았다. 그는 자기 생각과 다른 의견은 받아들이지 않았다. 이미 이 분야의 고전이 된 책 『소네라의 수십억은 어떻게 사라졌나』에서 드러나고 있는 것처럼 능력 있는 많은 사람들이 이 회사를 떠났다. 이 책이 자신을 너무 가혹하게 비판하고 있기 때문에 리랜더는 이 책을 펴낸 출판사를 고발하기도 했다. 이 책을 쓴 저자는 "펠레 펠로톤(Pelle Peloton)"이라는 가명으로 자신을 감추어, 이 사람이 진짜 누군지는 오늘날까지도 알려져 있지 않다.

리랜더가 소네라의 경영자로 일한 것은 딱 6개월에 불과하지만 이 회사의 재정은 완전히 파탄났다. 이 회사는 유럽 차세대 이동통신사업(UMTS)에서 총 43억 유로의 손실을 보았다. 독일과 이탈리아의 차세대 이동통신 사업권의 가치는 소네라의 결산서에 0으로 잡혔다.

2002년 3월 텔리아(Telia)와 소네라는 합병을 발표했다. 스웨덴 정부가 이 신생기업의 지분의 45퍼센트를 갖고 핀란드 정부가 19퍼센트의 지분을 갖는 구조였다. 많은 사람들은 스웨덴이 소네라를 거의 공짜로 얻은 거나 마찬가지라고 생각했다. 2000년에 소네라는 핀란드 경제일간지 〈타루사노맷〉(Taloussanomat)이 평가한 기업 순위에서 노키아(Nokia) 바로 다음으로 2위를 차지했다. 그다음 해에 이 회사는 같은 순위에서 핀란드에서 가장 저평가된 회사로 뽑혔다. 2005년에 리랜더는 통신비밀법을 어긴 혐의로 6개월 집행유예 형을 받았다.

마틴 아이스너가 디즈니 회장으로 있던 시절에도 재능 있는 직원들이 많이 일자리를 떠났다. 아이스너는 자기 경영방식에 의문을 제기하는 사람이라면 누구라도 무자비하게 내쫓았다.

아이스너의 성격은 매우 복합적이라고 전해진다. 그는 지적이고 매력적이고 능률적이었다. 이런 성격이 그의 권력을 강화시켜 주기도 했지만 궁극적으로는 모든 일에 일일이 간섭하게 만들었다. 점차 그는 자신을 디즈니 그룹과 동일시했다. 그는 사람들을 계속 불신했고, 업무를 부하 직원에게 위임할 줄 몰랐다. 그는 굉장히 충동적으로 결정을 내렸다. 그는 자기 위에 있는 어떤 위계체제도 존중하지 않았다. 그에게는 다른 사람의 입장 따위는 중요하지 않았다. 아이스너는 사장들을 서로 경쟁시키고, 스파이 행위와 나쁜 험담이 일상화되는 분위기를 만들었다. 그는 그 누구의 업적도 인정해 주지 않았다. 아이스너가 회장으로 있던 시절 디즈니 영화들은 거의 성공했지만 직원들에게 보상하지 않았다. 반면에 영화의 매출이 떨어지면 그는 보너스를 반으로 깎아 재능 있는 영화인들의 사기를 꺾었다.

리랜더와 아이스너를 보면 셰익스피어의 연극에 나오는 왕, 즉 맥베스, 리어 왕, 헨리 4세, 리처드 2세, 리처드 3세가 떠오른다. 이 연극에 나오는 왕은 자기 멋대로 나라를 다스리며, 진실은 왕의 뜻에 맞추어지거나 왕에게 예속된다.

사과하지 않는 사람들

이렇게 자신에 대한 비판이나 자기와 다른 생각에 대해 알레르기 반응을 보인다는 것은, 실수를 저지르는 것은 늘 고통스러운 것이라는 사실을 말해 준다. 실수를 범한 사람이 어쩔줄 모를 정도로 당황하는 것은 실수가 우리의 인간적 약점을 떠올리게 만들기 때문이다. "사람은 자기 실수에서 배운다.", "실수하는 것은 인간적이다."와 같은 말을 식상할 정도로 기계처럼 암송하고 있긴 하지만, 능력과 전문지식을 찬양하는 서양문화나 이런 자질들을 우대하는 전문가 조직에서 실수를 범한다는 것은 재앙을 의미한다.

노련한 산악등반가 존 크라카우어는 『희박한 공기 속으로』(Into Thin)에서 극단적 위험 상황에서 약점이나 결점을 숨기는 것이 얼마나 위험한지 설명한다. 히말라야 등반가들을 위해 짐을 운반해 주는 세르파들은 적지 않는 돈을 번다. 크라카우어에 따르면, 세르파 문화는 마초적 우월감에 물들어 있다. 그래서 이들은 신체적 약점을 시인하는 것을 극도로 싫어한다. 서구의 산악인들은 세르파가 고산병에 걸릴 가능성이 있는지 판단하기 어렵다. 이 병에 걸린 적 있거나 그것을 시인하는 사람들은 블랙리스트에 올라 더 이상 원정에 참여할 수 없기 때문에 그들은 이것을 숨긴다. 흠잡을 데 없이 완벽하게 일하는 것을 독려하는 우리 문화에서 약점은 처벌감이다. 그래서 사람들은 솔직하게 결점을 털어 놓는 것을 기피하게 된다.

나사의 우주선 챌린저 호의 사고는 근본적으로 너무 비판적인 조직문화 때문에 일어났다. 챌린저 호는 1986년 1월 28일에 발사되었다. 하지만 이 우주선의 비행은 우주선의 폭발과 승무원의 사망으로 끝났다. 사고 원인은 우주선의 1단계 추진 장치인 좌측 고체연료 로켓에서 불꽃이 타올랐기 때문이다. 고체연료 로켓의 핵심부품인 오링(O-Ring)이 고장 났고, 이 때문에 고체연료 로켓과 외부 연료탱크 사이를 채워 주는 연결 부분이 취약해졌다. 그 후 곧 고체연료 로켓을 고정해 주는 장치에 불이 옮겨 붙어 떨어져 나가면서 이 고정 장치에 붙어 있던 고체연료 로켓이 흔들리게 되었다. 출발한 지 73초 만에 외부 연료탱크에 불이 붙어 터지면서 우주선 전체로 번졌다.

오링에 문제가 있다는 것은 우주선 챌리저 호가 발사되기 전에 이미 알고 있었다. 엔지니어들은 빈틈을 메꿔 주는 기능을 하는 부품인 오링에 문제가 있다는 것을 찾아냈지만, 이 부품을 철저하게 다시 테스트할 시간이 없었다. 연구팀들은 기존의 데이터가 오차 범위 안에 있다는 사실로 만족해야 했다. 그들은 오링이 문제를 일으킬 가능성이 있다고 확신했지만, 동료들에게 이를 증명할 만한 증거가 너무 없었다. 자기 주장을 100퍼센트 설득할 근거를 확보하지 못하면 충분한 근거도 없이 앞서 간다거나, 아무 근거 없이 발사를 지연시키려 한다거나, 그들보다 더 잘 알고 있는 사람들의 권위를 의심한다거나 하는 격렬한 비판을 각오해야 했다. 그래서 연구팀은 자기 생각을 솔직하게 털어놓을 엄두를 내지 못했다. 너무 촉박한 시간 계획과 정치적 압력 때문에 챌린저 호는 성급하게 우주궤도로 발사되었지만 끔찍한 결과만 낳았다.

이따금 집단의 압력은 폭력적 성격을 띠기도 한다. 지배적 의견과 다른 견해를 피력하려면 어마어마한 자신감이 필요하다.

1960년대 초 미국에서 두통에 잘 듣는 새로운 신약이 시장에 나왔다. 이 약은 이미 유럽에서도 판매되어 여러 나라에서 성공을 거두고 있었다. 제약회사인 그뤼넨탈 화학사에는 큰 미국시장에 접근하는 것이 매우 중요했다. 이 약은 유럽에서 두통과 임산부의 수면제로 처방되었다. 이미 미국에서 이 약을 팔 소매상인들도 정해 놓고 광고도 계획하고 있는 상태였다. 하지만 미국에서 식품을 감독하고 약품허가권을 담당하고 있는 미국 식품의약국(FDA)의 젊은 연구원 프랜시스 올덤 켈시는 이 약의 안전성을 확신하지 못했다. 그녀는 더 많은 테스트가 필요하다고 주장했다. 켈시는 이 제약회사의 압력을 받고 고소 위협까지 받았지만 자기 입장을 확고히 견지했다.

1961년 오스트레일리아의 산부인과 의사 윌리엄 맥브라이드는 짧은 기간 동안 연달아 태어난 세 명의 신생아의 팔다리와 장이 기형인 것을 이상하게 여겼다. 그는 곧 산모들이 모두 그뤼넨탈에서 나온 탈리노마이드 제(Thalidomid-Präparat)를 먹었다는 사실을 확인했다. 점차 이와 유사한 사례들이 다른 나라에서도 보고되었다. 결국 두통약인 탈리도마이드(Thalidomid)가 태아에 심각한 부작용을 일으킨다는 사실이 밝혀졌다. 하지만 맥브라이드의 경고는 심각하게 받아들여지지 않았다. 제약사인 디스틸러는 이 약을 약국에서 철수하는 것을 거부했다. 맥브라이드의 어떤 서면 보고서도 받지 않았다는 이유에서였다. 11월 16일 독일인 의사 비두쿤트 렌츠는 그뤼넨탈에 전화를 걸어 이 약의 위험성을 심각하게 경고했다. 하지만 이 약을 약국에서 철수하기까지 10일이나 더 있어야 했다.

1962년 유럽에서 태어난 신생아 중에 수천 명이 사지 기형이거나 아예 팔다리가 없이 태어났다. 프랜시스 캘시의 고집이 수만 명의 미국 아기들의 건강과 정상적인 삶을 지킨 것이다. 그녀는 나중에 이 공로를 인정받아 훈장을 받았다.

이 스캔들이 터지고 나서도 제약산업은 자기 실수를 인정하지 않았다. 피해자에게 보상도 해주지 않는데 실수를 인정하겠는가? 실수를 부인하는 철면피한 전통은 계속 이어지고 있다.

두통약 바이옥스(Vioxx)는 5년 동안 시장에 나와 있었다. 이 기간 동안 10만 명 이상의 사람들이 죽거나 건강을 잃었다. 2004년 가을에 바이옥스가 시장에서 철수했을 때, 미국 식품의약국의 계산에 따르면, 약 2만7천 명이 이 약으로 심장사의 위험에 직면했다.

염증을 막아 주는 진통제의 효과는 사이클로옥시게나제(Cyclo-Oxygenase)의 활동을 억제하는 것에 달려 있다. 다른 사이클로옥시게나제 억제제인 나프록센(Naproxin)에 비하면, 바이옥스의 작용물질인 로페콕시브(Rofecoxib)는 심근경색을 일으킬 확률이 두 배다. 데이비드 그래엄 박사가 이끄는 연구단은 보르도에서 열린 약품역학회 총회에서 이런 연구결과를 내놓는다. 2000년 3월 머크(Merck) 사의 연구책임자인 에드워드 스콜릭은 동료들에게 심근경색을 경고하고 이런 결과는 매우 부끄러운 것이라고 선언했다. 그럼에도 불구하고 머크 사는 바이옥스의 복용과 심근경색 사이에는 아무 연관성이 없다고 공식적으로 발표했다. 미국 식품의약국 FDA는 8월 바이옥스의 복용이 심근경색 위험도를 3배나 높인다는 통계를 발표한다. 머크 사는 기자회견을 열어 이 발표를 격렬하게 반박했다.

바이옥스가 판매되던 내내 머크 사는 연구원들이 비판적인 연구결과를 발표하는 것을 막기 위해 엄청난 압력을 가했다. 이 기업의 회장인 루이스 셔우드는 비판가들의 일자리를 빼앗겠다고 위협했다. 카탈로니아 제약연구소 소속 교수인 호안 라몬 라포르떼는 2002년 기사를 통해 로페콕시브를 비판했다가 고소당했다. 스탠포드 대학의 구키펄 싱 교수와 그의 동료 제임스 프레이즈도 셔우드에게 압력을 받았다. 셔우드는 자신이 싱 교수의 교수직과 스탠포드 대학 재정지원에 영향력을 행사할 수 있다고 위협했다. 클리블랜드 병원의 심장 전문의 에릭 토폴도 머크 사의 회장이 이 병원 운영위원회에 그를 비판하는 편지를 보내자 자리에서 쫓겨났다.

그러나 결국에는 머크 사도 실수를 인정하지 않을 수 없게 되었다. 이 약은 시장에서 철수했다. 2004년 말 머크 사의 주식가치는 1/3이나 날아갔다. 이 회사의 주가는 이후 3년 간 계속 나빴다.

켈시나 싱과 같은 용기 있는 사람들은 언제나 인간의 권리나 입법 그리고 도덕에 영향력을 미친다. 그래서 늘 의견을 바꾸라는 압력을 받는다. 내부 고발자들은 그들이 한 비판을 철회하라는 압박을 받는다. 동시에 책임 추궁을 당하기도 한다. 이것은 비판자들을 궁지로 몰아 양심선언을 하지 못하게 만드는 전형적인 방해 전략이다.

태국 기상연구소에 근무하는 기상학자 스미스 다르마사로자는 1998년 쓰나미의 위험을 경고했다는 이유로 자리에서 쫓겨났다. 그는 계속 비판받았고 심지어 '미친 개'라는 욕까지 들었다. 몇몇 정부 관료들은 그가 태국 관광을 망치려 한다고 비난하기도 했다.

조직심리학자 마크 거스타인은 보통 내부고발자들은 의도적인 불이익을 당한다는 것을 밝혔다. 자기 조직을 비판하는 경고는 배반 행위로 간주되고, 이런 경고를 한 사람은 범죄자보다 더 가혹한 벌을 받는다. 조사에 따르면 60퍼센트가 그 자리를 떠났으며, 20퍼센트는 다른 부서로 자리를 옮겼다.

때로는 경험이 바로 사고로 이어지는 경우도 있다. 우리는 자신을 과대평가하고 자기 능력을 당연한 것으로 여기며 행동할 때가 많다.

하와이에는 아름다운 산호초들이 많이 있다. 하지만 휴가객들은 이 산호초 뒤에 수심이 3킬로미터가 넘는 벼랑이 있다는 것을 모른다. 파도가 몰고 오는 거대한 바닷물은 대부분 수면 아래에 있다. 파도는 심해에서 일어나 모든 것을 삼켜 버린다. 수중 사고를 조사한 척 블레이가 익사 사고를 조사한 바에 따르면 익사자의 65퍼센트가 관광객이며 그 가운데 90퍼센트는 40세에서 50세 사이의 남성이다. 희생자들은 바로 삶의 경험이 많고 힘도 세며, 바로 그 때문에 만용에 가득 차 있던 사람들이었다.

많은 산악인들이 산에서 목숨을 잃는다. 그들의 행동방식을 고려하면 이것은 당연하다. 하지만 대부분의 사고는 그들이 그렇게 위험하지 않다고 여긴 곳에서 터진다. 경험이 그들의 주의력을 무디게 하기 때문이다. 이렇게 사고를 당한 산악인들 가운데 상당수가 그 전에 아주 큰 어려움도 극복했던 전문가들이었다. 로렌스 곤잘레스가 쓴 것처럼 그들은 아마 안데스 산맥이나 히말라야도 등정해 보았겠지만, 자기 체험에 너무 분명한 확신을 가지고 있기에 자기들이 할 도전의 성격을 제대로 파악하지 못했다. 대부분의 등정에서는 아무런 사고가 일어나지 않는다. 바로 이 때문에 산악인들은 앞으로도 사고가 일어나지 않을 것이라 믿는다. 아무 사고도 일어나지 않으면 우리 감각은 무뎌지게 되고 모든 것이 잘될 거라 여긴다.

로렌스 곤잘레스는 죽음의 위기에 처한 사람들의 특성과 생존전략을 연구했다. 곤잘레스에 따르면, 위기 상황에서 희생된 사람들에게는 위기를 과소평가하는 성향이 있다. 위험을 과소평가하게 되면 자기 능력 혹은 자기가 이용하는 기술에 과도하게 자신감을 가지게 된다. 예를 들어 자동브레이크 시스템(ABS)의 도입 후 교통사고가 줄어들 것으로 예상했지만, 결과는 정반대였다. 사람들이 ABS 시스템으로 자기 차량이 훨씬 안전해졌다고 생각하고 차를 공격적으로 몰았기 때문이다. 오만함이 그의 행동을 지배한 것이다. 상선에 레이더를 도입했을 때 앞으로 선박 충돌 사고는 충분히 피할 수 있을 것이라 생각했다. 하지만 현실은 달랐다. 레이더라는 기계는 선주들이 선원들에게 전보다 빨리 배를 몰고 가라고 지시하게 만들었다.

곤잘레스는 위험의 균형론을 강조한다. 이 이론에 따르면, 사람들은 어느 정도 차원까지는 위험을 받아들인다. 차원의 수준은 개인마다 다르지만, 일반적으로 누구나 어느 정도 위기를 받아들일 준비를 하고 있다. 그런데 실제 위기가 자신이 받아들일 수 있는 위험의 차원보다 훨씬 낮을 경우, 그는 더 큰 위기를 무릅쓴다. 하지만 그 위기가 자기가 받아들일 수 위험의 차원보다 높을 경우 이 위기를 줄이려 한다. 그래서 다음과 같은 법칙이 있다. "뭔가 미심쩍으면 행동에 나서지 말라!"

에어버스(Airbus) 사가 신형 점보 제트기를 소개했을 때, 신문은 열광적 찬사를 보냈다. 그후 많은 기술적 결함이 발견되자 이 회사의 사장은 퇴직해야 했다. 고통스럽게 주저했지만 이 사건의 처리 과정에서 회사는 엔지니어의 말을 들었던 것이다. 결함은 낱낱이 밝혀져 시정되었다. 에어버스는 설계결함을 덮지 않은 조직을 대표하는 인상적인 사례이다. 이 회사는 잠시 명성을 잃었지만, 영원히 잃은 것은 아니었다. 짐을 가득 실은 점보기가 떨어진 게 아니었기 때문이다. 에어버스는 위기를 과소평가하지 않음으로써 위기를 극복하고 승자가 되었다.

얕잡아보기

적을 얕보는 것보다 더 위험한 것은 없다. 영국인들은 남아프리카

백인인 보어 인(Boer)과의 전투에서 많은 패배를 당했다. 그런데도 영국군 사령관은 보어 인의 전투력이 위협적이라고 생각하지 않았다. 1879년 콜리(Colley) 장군의 행정관이 쓴 보고서에는 보어 인들은 "결코 군사적 공동작전을 펼칠 능력이 없는 보잘것없는 겁쟁이"라고 씌어 있다. 보어 인들과의 전투에서 매번 참패했음에도 콜리 장군은 아무런 교훈도 얻지 못했다. 래잉스 네크(Laing's Nek) 전투에서 콜리의 부대는 연전연패했다. 콜리 장군의 부대는 기습을 펼칠 수 있는 완벽한 기회조차도 큰 소리로 떠들면서 보어 인들을 조롱하느라고 놓쳐 버렸다. 보어 인들은 엄폐물을 이용해 숨어 자만심에 가득 찬 영국군을 향해 총격을 가해 격퇴했다. 영국군은 공황상태에 빠졌다. 보어 인 젊은이들과 의용군은 554명의 영국군을 패퇴시켰다.

1954년 베트남 디엔비엔푸(Dien Bien Phu) 전투에서 프랑스 군이 패배한 것은 프랑스 인들의 오만함을 보여준 대표적인 사례이다. 유럽에서 양성된 프랑스 군 사령관들은 자신들이 기술적으로 우위에 있다고 믿었다. 프랑스 군은 베트남 군의 사령관 보 구엔 지아프(Vo Nguyen Giap)를 아마추어로, 연대급이나 통솔할 수 있는 지휘관으로 얕봤다. 프랑스 군의 장군 앙리 나바르(Henri Navarre)는 이 전투를 장난이라고 쉽게 생각했다.

나바르 장군은 작전의 출발점으로 디엔비엔푸 기지를 선택했다. 그의 참모는 이 거점이 계곡에 위치하기 때문에 잘못하면 부대 전체가 완전히 낭패를 볼 수도 있다고 경고했다. 하지만 그는 이 의견을 묵살

하고 부대를 이곳으로 집결시켜 지아프의 공격을 유도했다. 이때 나바르 장군은 자기 부대가 완전히 포위될 수도 있으며, 그럴 경우 모든 보급은 비행기를 이용해 공수 받을 수밖에 없다는 것을 알았어야 했다. 베트남 군의 유격대는 프랑스 군의 보급로를 끊는 데 총력을 다 하면서 기습 공격을 감행하기도 했다. 지아프는 프랑스 군대보다 4배나 많은 5만 명의 군대를 동원하여 디엔비엔푸를 포위했다. 베트남 군은 이 상태로 3개월 동안 아무런 공격도 하지 않았다. 항공로를 통해서만 보급을 받을 수 있었던 프랑스 군의 목을 조이는 올가미는 쉬지 않고 조여들었다. 마침내 프랑스의 직업군인들은 그들이 깔보았던 베트남 장군에게 결정적인 패배를 당했다. 디엔비엔푸의 점령은 사실상 인도차이나 전쟁의 종식을 의미했다.

프랑스 직업군인들의 침략으로부터 조국을 지킨 베트남 유격대의 능력은 미국인들에게 큰 인상을 남기지 못했다. 하지만 역사가인 바바라 터크맨에 따르면, 이 전쟁은 역사상 가장 주목할 만한 전쟁들 가운데 하나이다.

CBS방송 기자 데이비드 쉰브룬이 케네디 대통령에게 프랑스군의 패전을 언급하자 케네디는 프랑스는 비열하게 식민지를 얻기 위해 전쟁을 벌였지만, 미국은 자유를 위해 전쟁을 벌였다고 답했다.

이 전쟁에서 적을 깔본 대가는 패전과 죽음이었다. 상대를 깔보는 것은 경제적으로도 중대한 결과를 낳는다.

영국의 음반사 EMI의 회장인 앨라인 레비는 2002년 핀란드에 노래를 부를 수 있는 사람이 49명이나 있는지 모르겠지만 EMI는 핀란드에서 49명의 가수들과 계약을 맺고 있다고 조롱했다. 이것은 무지가 농담으로 드러난 전형적인 오만한 말이다.

세계의 배꼽에서 살지 않는 가수들은 중요한 집단에 들어갈 수 있거나 좋은 대접을 받을 수 있는 길을 찾기 어렵다. 매니저인 브라이언 앱스타인이 1960년대 초반 비틀즈라는 리버풀 출신의 밴드를 위해 런던의 여러 음반사들을 찾아갔을 때, 이 밴드는 별 볼일 없는 지방 출신에다 거칠고 천하다는 악평을 들었다.

1962년 1월 1일 비틀즈는 데카(Decca) 레코드 사에서 오디션을 보게 되었다. 이 공연을 위해 비틀즈는 리버풀에서 9시간이나 차를 타고 왔다. 음반사의 사장인 딕 로우는 이들이 노래하는 것을 라이브로 들어야 했지만, 그 날은 비도 내리고 기분도 좋지 않았다. 그래서 그는 이 밴드를 만나 주지 않았고, 회사의 영업담당 사장인 시드니 비처 스티븐스 역시 비틀즈의 노래를 팔려고 하지 않았다. 왜냐하면 그 당시에 기타밴드는 한물 갔다는 것이 일반적인 생각이었기 때문이었다. 그들은 브라이언 앱스타인에게 비틀즈는 구식 밴드이고 결코 성공할 수 없을 것이라고 분명하게 말했다. 그리고 리버풀에 있는 조그만 음반사를 알아보는 것이 제일 좋을 것이라고도 했다.

비틀즈 대신에 딕 로우는 브라이언 풀이라는 밴드와 더 트레멜로스라는 밴드를 선택했다. 하지만 EMI 레코드사의 조지 마틴이 비틀즈와 계약을 했고, 이로써 이 밴드가 전 세계에서 가장 많은 음반을 팔 수 있는 길이 열렸다.

　사람들은 로우가 이 때문에 그다음에 음반 취입을 위해 찾아온 기타밴드와 계약을 체결하기로 결정했다고 주장한다. 다행스럽게도 이 밴드는 롤링 스톤즈였다. 이에 대한 조언을 해 준 사람은 바로 조지 해리슨이었다.

　베스트셀러 작가 스티븐 킹은 처음 책을 내기 위해 30군데의 출판사를 노크했다. 어떤 출판사는 그의 소설 『캐리』(Carrie)처럼 부정적인 유토피아를 그리고 있는 공상과학 소설에는 관심도 없고, 그런 책은 잘 팔리지도 않는다는 이유로 퇴짜 놓기도 했다. 마침내 1974년 더블데이(Doubleday)라는 출판사가 이 소설을 출판하기로 결정했다. 1년 만에 이 소설은 백만 권 넘게 팔렸다.

　조앤 롤링도 『해리포터와 현자의 돌』의 원고를 들고 아홉 군데의 출판사를 찾아갔지만 예외 없이 퇴짜 맞았다. 그러다 마침 유아 청소년 책을 담당할 부서를 만든 블룸스버리(Bloomsbury) 출판사가 관심을 보였다. 아일랜드 밴드 유투(U2) 역시 아일랜드 레코드 사 사장인 크리스 블랙웰이 이 밴드의 독창성을 알아볼 때까지 여러 음반사에 데모 테이프를 보내야 했다. 아일랜드에서 태어나고 자메이카에서 살았던 블랙웰은 이미 밥 말리(Bob Marley)의 음반을 발표함으로써 두각을 드러내고 있었다.

　이런 사람이 성공하기 위해서는 종종 작지만 편견 없는 기업들이 필요했다. 무명의 예술가들의 작품을 잘 살펴보지도 않은 채 기계적으로 규정하고 서랍 속으로 밀어넣지 않는 회사 말이다.

출판사나 음반사의 전문가들은 종종 재능 있는 예술가를 찾아다니는 사람이라기보다는 문지기일 때가 있다. 당연히 그들은 갠지스 강을 (제방을 쌓아) 막을 수도 있고, 방글라데시를 매년 찾아오는 홍수로부터 지켜낼 수 있을 정도로 많은 데모 테이프와 원고를 받을 것이다. 하지만 직업상 쌓은 많은 경험이 새로운 트랜드를 읽는 것을 방해하는 경우도 드물지 않다. 결정을 지루하게 질질 끌거나 결정권자가자기 경험만 믿고 너무 자신감에 가득 차 있을 경우, 새로운 아이디어나 트랜드에 대한 냄새를 맡지 못하는 경우도 자주 있다.

끝까지 부인하기

올바른 기준에 근거하고 있다면 자신감은 당연히 좋은 것이다. 하지만 이런 사람은 자기 생각과 다른 것들을 무시하는 경향이 있다.

대학위원회(College Board)*가 1970년대 미국에 백만 명의 대학생들이 자기를 어떻게 생각하는지 알아보는 조사를 실시했다. 이들 중 70퍼센트가 자신의 통솔력이 평균 이상으로 좋다고 생각했다. 단지 2퍼센트만 평균 이하라고 생각했다. 60퍼센트의 학생은 자기 몸의 상태

---

* 미국의 대학입학시험을 주관하는 비영리기관

가 평균 이상이라고 여겼으며, 단지 6퍼센트만이 평균 이하라고 생각했다. 또 70퍼센트의 학생들은 모든 사람들과 사이좋게 지내는 편이라고 응답했다.

대학생들이 이렇게 자기 자신에게 후한 점수를 주는 것은 당연히 젊은이들의 자만심 때문이라고 볼 수도 있을 것이다. 하지만 나이가 들수록 자신감은 더 올라가는 것처럼 보인다. 교수들 가운데 94퍼센트가 자신이 평균 이상으로 잘 가르치는 선생이라 생각했다.

심리학자 레온 페스팅거는 인지부조화 개념을 도입했다. 이것은 인간은 자신의 세계상과 모순이 되는 정보는 받아들이지 않는다는 것이다. 우리는 자기가 받아들인 정보를 목적에 따라 걸러낸다. 왜냐하면 우리의 업적이나 능력에 대한 긍정적인 진술은 우리를 만족시키지만, 부정적인 진술은 고통스럽게 만들기 때문이다. 그래서 우리는 종종 자기 능력에 대한 왜곡된 상을 가지게 된다. 자기 자신을 지키기 위한 하나의 방법은 모든 비판을 간단하기 부인해 버리는 것이다.

미디어의 찬사에 도취된 경영진들은 비판에 특히 알레르기 반응을 보인다. 실비오 베를루스코니는 이탈리아 수상으로서 언론을 날카롭게 공박했다. 국내신문과 외국신문을 가리지 않고 법정에 세웠다. 그는 이 나라의 텔레비전을 장악하고 있는 것으로 만족하지 않았다. 그는 모든 것을 지배하는 절대 권력을 원했다.

베네수엘라 대통령 우고 차베스는 2009년까지 매주 일요일마다 카메라 앞에 나와 베네수엘라의 적들에 대해 몇 시간 동안 연설했다.

2010년 1월 모든 방송국은 대통령의 연설과 정부의 선거 홍보물을 중계해야 한다는 법률을 지키지 않았다는 이유로 여섯 개의 케이블 방송국의 문을 닫게 했다.

베를루스코니와 차베스는 미디어의 힘을 알고 있었다. 필립 트레티아크에 따르면 이런 류의 지배자는 한 명의 고객만 가진 광고회사의 사장과 비교할 수 있다. 그는 부풀어 오르다가 비눗방울처럼 터지는 제품 딱 하나만을 광고한다.

심리학자 매튜 헤이워드에 따르면, 신문에서 큰 칭찬을 받고 있는 저명한 경영진들은 특히 위험하다. 그들은 자신에 대해 쓴 내용을 믿기 때문에 점점 자기가 탁월하다고 착각한다. 그리고 이것이 그들로 하여금 자신과 자기 조직의 한계를 시험해 보라고 다시 부추긴다. 그들의 머리는 한껏 부풀어 오른다. 극단적인 경우 범죄 행위까지 마다하지 않는다. 인지부조화는 행동방식을 바꾸는 것을 어렵게 하기 때문에 관련자들의 자신감은 점점 더 높아져 가기만 한다. 그렇게 부풀어 오른 혈관은 마침내 터지고 만다.

프랑스 거대 미디어 콘텐츠 그룹 비방디(Vivendi)의 회장인 장 마리 메시에르는 회사에 120억 달러라는 어마어마한 액수의 손해를 입혔다. 메시에르에게는 지속적으로 경고를 해 줄 고문들이 많이 있었다. 하지만 그는 이들의 목소리에 귀를 기울이는 것을 거부했다. 메시에르는 사람들이 해 준 이야기는 믿지 않고, 신문에서 자기를 평가한 내용만 믿었다. 여러 매체에서 그는 천재라고 칭송받았다. 게다가 그는 자기 사인 란에 약어로 J6M(Jean-Marie Messier, Moi-Même, Maître du Monde) 이라 서명했다. 그 뜻은 "장 마리 메시에르, 나, 세계의 주인"이다.

1999년까지만 하더라도 비방디의 경영진은 메시에르를 도와 이따금 그가 불리한 계약을 맺지 못하게 할 수 있었다. 비방디는 성장했고 전성기를 구가했다. 하지만 메시에르가 주류회사인 시그램(Seagram)을 사들인 이후 그는 더 이상 경영진의 말을 듣지 않았다. 그는 거의 광적으로 전 세계의 기업들을 사들였다. 그는 주가가 오르면 이 어마어마한 채무도 갚을 수 있을 것이라 믿었다. 시그램을 사들인 후 비방디의 채무는 이미 200억 달러에 달했다. 모든 사람들은 회사의 재정 상황이 파산 직전이라 보았다. 2002년 6월 비방디의 주가는 80퍼센트나 떨어졌고 메시에르는 물러나야 했다.

사실을 인정하지 않는 것은 유명한 경영자들만의 문제는 아니다. 이 문제는 종종 최소한 이론상으로는 새로운 현상을 편견 없이 다루어야 하는 과학계에서도 나타난다. 과학의 역사에는 너무 혁명적인 이론으로 보트를 뒤흔들었던 수많은 수난자(순교자)들이 있다. 버림받은 이론들의 쓰레기 더미에서 니콜라우스 코페르니쿠스, 갈릴레오 갈릴레이 그리고 찰스 다윈은 보충 증명거리들을 찾아 나섰다. 거기에는 지구 밖의 생명체에 대해 생각했던 지오르다노 브루노도 있었다. 종두법을 발명한 에드워드 제너도 그곳에서 조롱받았다. 지질학자 알프레트 베게너는 대륙판이론으로 이 쓰레기더미에 들어갔다. 현대에

와서도 별로 달라진 게 없다. 1980년대 배리 마셜과 로빈 워런도 이 더미로 던져졌던 것이다.

오스트레일리아의 배리 마셜은 로빈 워런과 함께 위점막 염증이나 위궤양 그리고 십이지장궤양와 같은 여러 위염은 헬리오박테리아(Heliobakterien)에 의해 일어날 수 있다는 것을 최초로 증명했다. 그때까지 사람들은 위궤양은 스트레스, 짠 음식 그리고 과도한 음주 때문에 생긴다고 가정했다.

두 연구자의 발견은 이목을 집중시켰다. 질병이 박테리아에 의해 일어났다면, 그것은 충분히 치료할 수도 있었다. 마셜과 워런의 연구결과대로라면 수억 명의 병을 고칠 수 있을지도 몰랐다. 하지만 두 사람은 찬사를 받지 못했다. 사람들이 그들의 말을 믿지 않았기 때문이다. 우선 박테리아가 산성이 들어 있는 위에서 살아남을 가능성이 없다. 두 번째로 두 연구자의 배경이 큰 문제였다. 로빈 워런은 퍼스(perth) 병원의 병리학자였고, 배리 마셜은 아직 박사과정을 마치지도 못했다. 서부 오스트레일리아 지역에 위치한 퍼스병원은 연구소로서는 신뢰성이 높지 않았다. 워런과 마셜은 자신이 한 연구결과를 어떤 학술지에도 발표할 수 없었다.

1984년 마셜은 인내심을 잃었다. 그는 극적인 실험을 하기로 결심했다. 그는 십억 마리 헬리코박터파일로리(Helicobacter–pylori–Bakteria) 균이 들어 있는 용액을 마셨다. 며칠 뒤 그는 심한 위경련과 구역질을 동반한 발작을 일으켰다. 내시경은 그의 위에 염증이 일어났으며 완전히 붉게 변했다는 것을 보여주었다. 그다음 마셜은 항생제를 먹었고, 다시 건강해졌다. 이 실험이 있은 후에도 몇몇 과학단체는 마셜과 워런의 이론을 믿지 않았다. 1994년에야 비로소 위궤양을 항생제로 치료할 수 있다는 인정을 받았다. 2005년 마셜과 워런은 이 연구로 노벨의학상을 받았다.

뇌 연구는 '무한정한 자신감과 자기 체험에서 나온 세계상에 대한 믿음이 왜 그렇게 전형적이며 항상 반복되는 현상일까'를 부분적으로 설명한 흥미로운 연구결과를 내놓았다. 그 원인은 뇌의 후두엽에 있었다.

신경과학자 제이슨 미첼과 마지린 바나지는 사람들이 똑같다고 여기거나 다르다고 여기는 사물을 기억할 때 뇌의 각각 다른 부분들이 활동할까를 알아보려고 했다. 이를 위해 과학자들은 피실험자의 뇌를 자기공명영상장치(MRI)로 조사했다. MRI는 뇌의 서로 다른 부분에 있는 혈중 산소함유량의 변화를 측정한다. 뇌의 모든 조사지점에서 다르게 형성된 자기장이 이 변화의 위치를 확인해 주었다. 피실험자가 단어를 읽거나 그림을 관찰하는 것처럼 뭔가를 행하면 혈중산소치의 변화가 일어난다.

연구자들은 뇌의 중간부분에 자극에 반응하는 두 개의 영역이 있는데, 하나는 앞부분이고 다른 부분은 뒤에 있다는 것을 확인했다. 이들은 피실험자에게 서로 다른 두 사람의 사진을 보여주었다. 한 사람은 자유주의적인 성향의 예술가였고 다른 사람들은 기독교 원리주의자였다. 피실험자에게 사진의 인물이 낯설게 느껴질수록 뇌의 뒷부분이 더 강하게 반응한다. 피실험자가 그 인물이 자기와 비슷하다고 느끼면, 뇌의 앞부분이 반응한다.

뇌의 앞부분은 우리와 비슷하다고 생각하고 있는 사람들에 대한 우리의 견해에 영향을 미친다. 이 연구자들에 따르면, 이 조사결과는 인간은 자신의 편애를 근거로 다른 사람을 평가한다는 견해를 뒷받침한다. 사람들이 습득한 지식은 무조건 사실에 부합하는 것은 아니다. 우리가 다른 사람을 평가할 때도 마찬가지다. 다른 사람을 평가할 때 우리는 우리가 가지고 있는 지식을 선택적으로 이용한다. 연구자의 견해에 따르면 이것이 선입견과 상투적 판단이 생기는 이유이다.

또 과학자 케빈 더머는 뇌의 중간부분이 과학에 영향을 미친다는 것을 발견했다. 어떤 실험결과가 이론과 일치하지 않을 경우 우리는 이론을 바꾸지 않고 측정 방법에 오류가 있지 않나 먼저 살펴본다.

젊은이들에게 배외측전전두피질(DLPFC)은 뇌의 발달이 가장 더딘 부분 가운데 하나다. 이것은 우리의 선입견과 일치하지 않는 생각에 반대하거나 자신에게 불쾌한 문제를 거부할 때 중요한 의미를 지닌다. 뇌의 이 부분이 망가진 사람은 집중력에 상당히 큰 문제가 생긴다. 그에게는 자기에게 별로 중요하지 않은 정보를 걸러낼 능력이 없다. 배외측전전두피질은 쉬지 않고 우리 세계를 감시하고 지금까지의 경험을 통해 새로운 정보를 걸러낸다. 젊은이들이 새로운 것에 보다 개방적인 태도를 취하는 이유는 아마 그들의 뇌에 체험이 상대적으로 덜 축적

되어 있기 때문일 것이다. 본성상 아이들은 선입견이 없다. 그들은 부모의 생각을 자기 것으로 습득한 후에야 비로소 선입견을 키운다.

그러므로 선하든지 악하든지 간에 체험이 우리를 조정한다. 자기가 탁월한 지식을 가지고 있다는 오만한 생각은 늘 잘못된 확신을 갖게 한다. 너무 심한 자신감은 우리가 할 수 있는 것이 무엇인지, 우리가 누군지 그리고 우리가 예견할 수 있는 것이 무엇인지를 과대평가하게 만든다. 이따금 이런 자신감은 자기도 모르게 오만함으로 바뀌기도 한다. 이럴 경우 우리는 경우에 따라 다른 사람의 외모나 그가 쓰는 사투리 그리고 그의 버릇을 보고 그가 우둔하다는 표시라고 여긴다. 오만함이 모든 감정 가운데 가장 불필요한 것이긴 하지만, 매우 편한 것이기에 사람들은 이것을 버리지 못한다. 인종주의 논리에서도 알 수 있는 것처럼 타성에 젖은 태만한 정신이 문제다. 다른 사람들을 깔보는 것은 처음 만나기 전에 누구나 가지고 있는 기본 태도다.

3_ 세계의 배꼽

로마제국과 몽고제국이 왜 멸망했는가,
중국은 왜 영국과 무역을 하려 하지 않았는가,
그리고 프랑스 어는 왜 세계에서 가장 많이 사용되는
언어가 되지 못했는가.

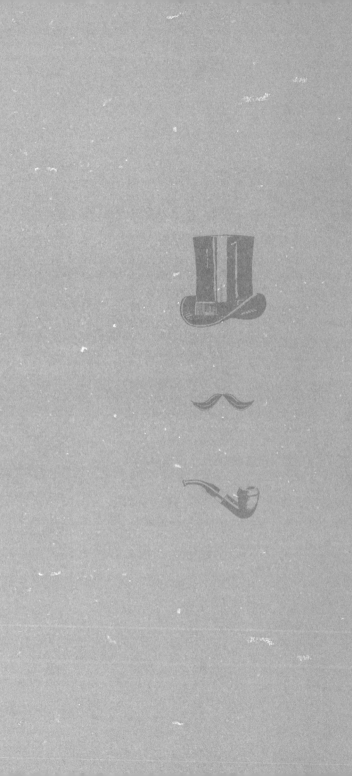

2005년 6월 주 핀란드 이탈리아 대사 우고 가브리엘 데 모어(Ugo Gabriele de Mohr)가 핀란드 외무부로부터 자문을 부탁받았다. 여러 외교관들이 그와 함께 베를루스코니 수상이 내놓은 핀란드 음식에 대한 평가에 대해 이야기를 나누고자 했다. 그 당시 핀란드와 이탈리아는 오래전부터 유럽공동체 식품국의 소재지가 되기 위한 경쟁을 벌이고 있었다. 2001년 베를루스코니는 핀란드 사람들은 이탈리아에서 나오는 햄인 프로슈토(Prosciutto)가 무엇인지 절대로 모를 것 같기 때문에 이 기관의 소재지가 될 자격이 없다고 말했다. 자연 건조시킨 파르마 지방의 햄인 프로슈토는 최고의 음식이며, 핀란드에서 유명한 소금물에 절인 크리스마스 햄보다 당연히 맛이 좋다. 하지만 식품국의 선정에서 중요한 것은 식문화가 아니라 식료품의 청결을 감시하는 것이다.

이탈리아 사람들에 따르면, 유럽 식품안전기구의 소재지가 되기 위한 경쟁은 식료품의 안전성을 검사하는 것이 아니라 이탈리아에서 신성시되는 미식주의와 연관된 것이었다. EU는 예산의 절반 이상을 농업보조금으로 사용한다. 이 보조금에서 이탈리아가 차지하는 비중은 거의 60억 유로에 달한다. 이따금 의문스러운 방법까지 사용하기도 하지만 이 엄청난 보조금 덕분에 이탈리아의 음식문화는 잘 보존된다. 가령 루까(Lucca) 시는 이 역사적인 도시 중심부에 외국 음식을 파는 식당이 새롭게 개업하는 것을 법으로 금지하고 있다. 밀라노 역시 이 사례를 따르고 있다.

자신을 정치계의 예수 그리스도라고 주장했던 베를루스코니는 자기 의지를 관철했다. 유럽 식품 안전기구는 결국 파르마에 들어서게 되었던 것이다. 그곳에서 개소식이 열리던 날 베를루스코니는 다시 핀란드를 조롱했다. "핀란드에 가본 적 있는데 핀란드 음식은 먹기 힘들었습니다. EU 집행위원회 사무총장님께서는 오늘 핀란드의 훈제 순록 요리 대신에 우리나라의 고급 햄인 꿀라뗄로(Culatello)를 즐기셔도 좋습니다." 또한 베를루스코니는 자신이 성적인 매력을 발산하여 식품안전기구가 핀란드로 가는 것보다 파르마로 오는 것이 더 낫다고, 핀란드의 여성 대통령 타르야 할로넨을 설득했다고도 말했다.

하지만 2008년 봄 나폴리 지역에 독성 쓰레기를 무단 투기한 사건으로 인해 이탈리아 모짜렐라 치즈의 일부가 오염되었다는 사실이 드러났을 때 파르마의 이 식품안전기구도 아무 소용 없었다. 2008년 여름에는 이보다 더 큰 사건이 밝혀졌다. 2년 넘게 부패한 치즈가 유럽의 다른 국가로 수출되었다는 것이었다. 이탈리아 경찰에 따르면, 11,000톤의 치즈가 부패되었다. 게다가 이 치즈에서는 쥐똥과 플라스틱 조각까지 나왔다.

하지만 식품 안전도 감시의 질이나 효율성은 부차적이었다. 중요한 것은 감시하는 곳이 어디인가 하는 것이었다. 파르마 시장이 강력하게 주장했던 것처럼, 이탈리아 사람들은 식품이 툰드라 지역에서 감시된다는 것을 받아들일 수 없었다.

파르마 시장의 세계상은 중세시대 교회의 지도와 비슷하다. 그 지도의 제일 변두리에는 얼음으로 뒤덮여 있고 이상하게 생긴 야만인이나 바다 괴물들이 살고 있었다.

지리적으로 멀리 떨어진 곳에 위치하고 있다는 것은 늘 조잡하게 일반화된 상상의 이미지를 만들어 낸다. 사바나 지역에서 북을 치고 있는 아프리카 야만인은 툰드라 지대에서 살면서 북극곰을 사냥하고 술에 취하는 핀란드 인과 일치한다. 충분히 검증되지 않은 이런 이미지가 종종 대중이 이들을 판단하는 도구가 된다. 파르마 시장의 말은 기후 요인이 어떤 문화를 문명화시키거나 야만화시킨다는 아주 오래된 낡은 가설에 기초하고 있다. 많은 사람들에게 파르마는 세계의 배꼽에 위치하고 있다. 그리고 중심부의 이상적인 기후는 변두리로 갈수록 더욱 나빠지고, 그 결과 문화, 요리, 인간들도 점점 더 야만화된다.

오만한 시선으로 굽어보기

오만한 생각들은 일광욕을 하면서 얻은 자기만의 고유한 체험에 기초하고 있다는 게 새로운 것이 아니다. 이미 아리스토텔레스는 그리스를 세계에서 가장 좋은 지역으로 생각한 바 있다. 아리스토텔레스에 따르면 북유럽 기후대에 살고 있는 사람들은 영적이며 지성이나 재주가 없다. 아시아 인들은 과도하게 조직화되어 있어 자유가 없다. 이 두 기후대 사이에 살고 있는 그리스 인들은 영적이면서 동시에 지적이기도 하다. 로마의 비트루비우스(Vitruvius)는 로마를 완벽한 지대라고 생각했다. 왜냐하면 로마는 더운 지역과 추운 지역 사이에 위치했기 때문이다. 세계의 중심, 즉 지중해 지역으로부터 멀어질수록 그 지역에 사는 거주민은 그만큼 더 악습에 물들어 있는 것이다. 아랍인들은 세계를 적도의 북쪽 편으로부터 어두운 북유럽에 이르기까지 이르는 7개의 기후대로 나눈다. 이 지역 밖에는 사람들이 살 수 없다고 했다. 가장 좋은 기후 조건은 두 번째 지역과 세 번째 지역인데 놀랍게도 여기에 아랍인들의 거주지역이 있다. 아랍의 지리학자 마수디(Masudi)는 10세기 무렵 우루야스(Urujas), 즉 유럽의 거주민들을 다음과 같은 말로 설명했다. "그들은 따뜻한 유머를 모르며, 덩치는 크지만 행동은 무례하다. 머리는 나쁘고 말은 서툴다. 북쪽으로 갈수록 사람들은 더 어리석고 야만적이다."

15세기 아시아를 여행했던 이븐 바투타(Ibn Battuta)는 베를루스코니와 비슷한 태도를 취했다. 그는 동양의 관습을 이상하게 여기며 격분했고 음식까지 비판했다. 가는 곳마다 불평거리만 찾아낸 것이다. 그래서 그는 가능한 숙소에 문을 걸고 밖으로 나가려 하지 않았다.

개별 여행자들의 이런 불평을 우리는 여행의 피로감이나 위장장애 때문이라 말할 수 있을 것이다. 하지만 외국문화에 대한 오만한 평가는 자신의 안락의자로부터 한 발짝도 떠나지 않았던 사람들에게서 나온 것이다.

심지어 로마에서는 다른 문화를 경멸하기 위해 신학적인 이론을 발전시키기까지 했다. 1095년 교황 우르바누스 2세는 아무도 살지 않는 곳을 다룬 〈주인 없는 땅〉(Terra Nullius)이라는 칙서를 내린다. 이 봉인칙령은 유럽의 왕들과 왕자들에게 비기독교 국가를 발견할 권리와 그것에 대한 소유권을 요구할 권리를 부여했다. 이 명령은 1452년 교황 니콜라우스 5세가 〈로마교황으로부터〉(Romanus Pontifex)라는 칙서를 내렸을 때 더 확대된다. 이 칙서가 모든 비기독교인들을 상대로 전쟁을 선포할 권리와 그들의 땅을 정복할 권리를 부여했기 때문이다. 이 두 개의 칙령은 비기독교인들을 일반적 인간이 아닌 야만인으로 다루고 있으며, 그들에게 자기 땅에 대한 어떤 권리도 인정하지 않는다. 그래서 기독교인 지배자들은 비기독교인들과 전쟁을 벌여 그들의 땅을 식민지화하고 원주민들을 노예화할 수 있는 권리를 신으로부터 받게 되었다.

1573년 교황 바울 2세(Paul II)는 〈숭고한 신〉(sublimus Deux)이라는 칙서에서 아메리카 원주민을 이성이 없는 동물로 대하고 그곳에서 이익이 될 만한 것을 가지고 오라고 언급한다.

외국인들은 우리 문화에서 배울 게 많지만 우리는 그들에게서 배울 게 없다는 생각에는 문화적 자만심이 드러나 있다. 예를 들어 그린란드의 에스키모 인들은 유럽의 탐험가들이 자기들의 미덕이나 좋은 풍속을 배우기 위해 찾아온다고 믿었다.

프랑스의 프랑소아 샤르팡티에는 1664년 프랑스는 유럽권에 머물러서는 안 되고 야만족들에게 문화를 직접 퍼트려야 한다고 썼다. 인도차이나 반도와 특히 베트남에 대한 프랑스 인들의 문화적 오만은 정말 그로테스크하다. 프랑스 인들은 자기들의 식민통치를 '문명화의 사명'(la mission civilisatrice)이라고 불렀다. 인도차이나 반도에서 자행된 프랑스 식민 지배는 노골적이었으며 될 수 있는 대로 많이 착취하는 것을 목표로 했다. 쌀, 석탄, 고무, 비단, 향신료 그리고 광물이 반출되었고, 동시에 베트남은 프랑스 산 제품의 좋은 시장이 되기도 했다. 대부분이 기껏해야 평범한 능력을 가지고 있었던 4만5천 명의 프랑스 행정 관료들에게 베트남은 쉽고 안락한 삶을 제공해 주었다. 1910년에 나온 여론조사에 따르면 단지 3명의 관료만 베트남 어를 유창하게 구사했다.

식민지 베트남을 통치한 총독부는 가톨릭으로 개종한 베트남 인들에게만 교육의 기회를 부여했다. 프랑스 식 학교 시스템을 도입함으로써 베트남 전통의 마을학교는 사라지게 되었다. 자격을 갖춘 선생님들이 부족했기 때문에 베트남은 식민통치 시절 이전보다 문맹자가 더 많았다.

집단적 자기 기만은 가령 식민통치 시절에 많은 영국 관료나 장교들로 하여금 자기네가 원주민들이 지금껏 누려 보지 못했던 보호나 복지 그리고 권리를 부여하고 있다고 진짜 믿게 만들었다.

유럽인들은 도둑이고 사기꾼이라는 아랍 인과 아프리카 인들의 생각은 제국주의 시절에 나온 것이다. 유럽인들은 중동지역에서 아랍 인들에게 한 약속을 번번이 어겼다. 이 지역에서 현재 일어나고 있는 많은 문제들은 식민 통치자들이 수천 년의 역사적 상황을 무시한 채 자기 마음대로 국경선을 그어 놓았기 때문이다. 특별히 부각되는 사례는 이라크이다. 모술(쿠르드 족), 바그다드(시아파), 그리고 바스라(수니파) 등 종파가 서로 다른 세 지역이 이곳에서 하나로 합쳐지게 되었다. 서양인들은 쿠르드 족에게 자치를 약속했지만 이 약속은 지켜지지 않았다. 역사적으로 쿠웨이트 왕국에 속했던 일부 지역은 이라크의 페르시아 만 접근을 제한하기 위해 사우디아라비아의 영토로 들어갔다. 모든 사람들의 경고에도 불구하고 윈스턴 처칠이 이끈 영국 행정부가 국경선을 이렇게 확정한 것이다. 오늘날 이라크와 쿠웨이트 간 긴장이나 수니파, 시아파, 쿠르드 족 사이의 분쟁처럼 그 결과는 간과할 수 없는 것이다.

1890년에서 1910년까지 유럽 강대국들은 사실상 아프리카 전역을 나누어 가졌다. 잘 알다시피 아프리카와 관련된 결정들은 유럽에서 내렸다. 아프리카에서 식민 통치자들은 원주민들과 완전히 차단된 채 살았다. 그들은 이들 원주민들을 인종적으로나 정신적으로 그리고 도덕적으로 열등하다고 여겼다. 유럽 박물관은 식민지에서 약탈한 보물들로 가득 찼다. 이집트의 미라는 증기기관차의 땔감이 되었고, 수천 개의 동물 미라들은 갈아서 퇴비로 사용했다.

18세기와 19세기 철학자들은 유럽 문명이 우월하다는 생각을 심어 주었다. 그들에게 지성은 인간의 어떤 다른 특성보다 우월한 것이었고 글자는 지성이 있다는 가장 분명한 증거였다. 따라서 글을 쓰면서 자기들이 예술과 과학을 지배하고 있다고 증명할 수 있는 사람들만 이성을 사용할 수 있는 재능을 지닌 것이었다. 계몽주의 사상가들에 따르면, 예를 들어 아프리카 인들은 유럽 언어로 글을 쓸 수 없었기 때문에 그들에게는 역사나 예술 그리고 과학도 있을 수 없었다. 흄, 헤겔, 칸트, 콩트, 볼테르, 마르크스 그리고 엥겔스까지도 똑같이 원주민을 경멸하는 글을 썼다. 콩트는 다른 문화들은 발전하지 않았기 때문에 오로지 서양문화만이 연구할 가치가 있다고 말했다. 데이비드 흄은 서양문화만이 문명화될 수 있는 재능을 신에게 부여받았다고 생각했다. 그는 다음과 같이 말하기도 했다. "아프리카 인들은 문명 민족이 아니다. 왜냐하면 흑인 부족 가운데서 재능 있는 사람이 나오지 않았기 때문이다. 어린애 같은 흑인들은 예술, 과학, 수공업에서 중요한 업적을 이룬 게 없다."

중요한 계몽주의 철학자 가운데 한 명인 임마뉴엘 칸트는 고향인 쾨니히스베르크를 떠난 적이 없지만 다른 문화에 대해서 과감하게 썼다. 그는 흄의 인종주의적 사상을 더 다듬기까지 했다. 한 미학논문(『미와 숭고에 관한 성찰』)에서 그는 피부색은 정신적 능력의 차이도 표시해 준다고 아주 진지하게 주장했다. "머리부터 발끝까지 완전히 새까맣다는 것은 그가 어리석은 말만 한다는 것을 분명히 보여주는 증거다."

게오르크 빌헬름 프리드리히 헤겔의 견해에 따르면 중국인들과 아프리카 인들은 볼품없고 그로테스크한 예술작품만 만들었다. 그들에게는 상징적 사유를 할 능력이 없다. 이에 비해 서양 예술은 그들보다 발전된 추상적 사유에 기초하고 있다. 헤겔에 따르면, 아프리카는 기억도 역사도 없다. 왜냐하면 이곳에 글쓰기 기술이 있었다고 알려져 있지 않기 때문이다. 헤겔에게 아프리카는 "자의식의 역사가 있는 낮 저편에 밤의 검은 색으로 뒤덮여 있는 미성년의 땅이다." 헤겔은 아프리카 사람들은 발전이나 문화가 무엇인지 전혀 모르고 있다고 확신했다.

오늘날까지 여러 대학에서 열심히 다루고 있는 이 철학자들은 오만함의 본색을 드러낸다. 하지만 이 오만함은 그들의 사상이 철저하게 반대했던 것이기도 하다. 그들은 자기 문화가 탁월하다는 신화를 만들었다.

식민지 시대에 영국 교과서에는 아프리카와 오스트레일리아 원주민들은 게으르고 적개심이 강하고 야만적이라고 소개되었다. 열대와 건조한 사막 기후가 그들의 정신에 영향을 미쳐 식인종으로 만들었다는 것이다. 20세기에 나온 핀란드의 백과사전에는 '흑인'은 놀기만 좋아하고 인내심이 없다고 소개되었다. 흑인은 인내력을 금방 잃어버리기 때문에 문화를 제대로 보존할 능력이 없고, 이 때문에 유럽인의 도움이 필요하다는 것이다.

이런 부정적인 생각은 매체에서도 목격된다. 요한 갈퉁(Johan Galtung)은 1965년 노르웨이에서 보도되는 외국뉴스 구조에 대한 연구에서, 사건이 자국에서 멀리 떨어진 곳에서 일어날수록 뉴스의 내용이 점점 부정적이라는 것을 증명했다. 게다가 먼 나라 국민들은 단순하고 원시적인 것으로 즐겨 묘사되고 있었다.

위대한 철학자나 탐험가 그리고 이탈리아 수상의 오만한 세계상은 아마 많은 사람들이 유년 시절부터 알고 있는 매우 단순한 출발점에 기초하고 있을 것이다. 이런 세계상은 주변 세계를 처음 지각한 경험들에서 나온다. 유년 시절에는 지구가 둥글고 하늘은 그들 위에 궁륭 모양의 천정을 이루고 있으며, 이 천정에서 별들이 움직인다고 쉽게 상상할 수 있다. 하늘 아래에는 우리 집이 있고, 이 집은 당연히 우리가 지각하는 세계의 중심이 된다. 많은 사람들은 결코 이 유아적 사고방식을 떨쳐 버리지 못한다.

여러 문화권의 창조 신화들도 놀라울 정도로 똑같이 자만심 넘치는 이야기를 전하고 있다. 세계는 늘 중심에서 창조되는데, 여기서 중심이란 신화를 만들어낸 문화가 들어서 있는 곳을 의미한다. 베이징은 북극성 바로 아래 천체 자오선 상에 있고, 메카는 세계의 중심에 위치하고 있다. 이것은 고대 그리스의 델피가 옴파로스(omphalos), 즉 세계의 배꼽에 위치하고 있는 것과 마찬가지다. 런던 사람들은 자기가 사는 도시를 세계의 중심으로 보는 것을 좋아한다. 그리니치 천문대를 중심으로 본초자오선을 긋도록 결정되기 전에 이 자오선은 성

바오로 대성당을 지나갔다. 이 대성당은 메카에 있는 카바(Kaaba)에 박힌 검은 돌과 비슷하게 세계의 배꼽에 박힌 성전이라는 의미다.

프로타고라스는 이미 2천500년 전에 인간이 만물의 척도라고 썼다. 이 때문에 보통 우리는 자기 문화권만이 이성적 상태가 지배한다고 생각한다. 그러기에 선입견이나 자만심을 수업 목표로 사용할 때 반드시 스스로에게 물어야 할 것이 있다. 그것은 '이런 목표 뒤에 정신의 태만함이나 특정한 의도가 있는 이데올로기가 숨어 있는 것은 아닌가?'이다.

자신의 탁월함에 관한 신화

클린턴 미국 대통령이 영국인들의 불만을 전달하러온 대표단을 만났다. 이들은 미국 대통령에게 미국 영화 〈에니그마〉(Enigma) 때문에 영국인들이 분개하고 있다고 전했다. 이 영화에서 미국 군인 한 명이 독일군의 주요 정보에 접근할 수 있는 암호를 풀어 줄 암호 해독기 에니그마를 훔쳐낸다. 이 영웅적 행위 덕분에 독일군의 암호를 풀 수 있었다. 이것은 2차 세계대전의 종식에 결정적으로 중요한 의미를 지닌다. 그런데 사실은 이 작전을 실제로 수행한 것은 영국군이었다. 영화는 이것에 대해 침묵하고 있었던 것이다. 그래서 모든 영광을 미국인에게만 돌리고 있다. 이런 항의를 들은 클린턴은 영화는 그냥 이야기일 뿐이라고 말하면서 어깨를 들썩였다.

이 상황을 좀 더 자세히 생각해 보면, 역사를 왜곡한 영화들은 사람들의 세계상에 해를 끼친다는 것을 알게 된다. 왜냐하면 일반인들은 역사책을 찾아 보지 않기 때문이다. 대중은 영화관에 간다. 그리고 원하든 원치 않든 영화를 통해 지난 역사에 대해 자기만의 생각을 정립한다. 영화 〈에니그마〉는 문화적 자만심에 대한 구체적인 사례이다.

영화는 자기들의 배꼽에만 적응한다. 자기 문화의 탁월성을 강조하는 것은 널리 일반화되어 많은 관객들은 단 하나라도 실망하려 들지 않는다. 이런 태도는 단지 영화 제작에만 깔려 있는 것은 아니다. 플로리다에 본사가 있는 호화 유람선 기업 로얄 캐리비언(Royal Caribbean)은 세계에서 가장 크고 호화로운 크루즈 선의 제조사를 단 한마디도 언급하지 않는다. 홍보 비디오에서도 핀란드 서부 지역에 있는 조선소는 로얄 캐리비언 사의 직원으로 소개된다. 이 회사가 운영하는 배에서는 배의 재원에 대한 기술적 정보를 알려주는 기념 엽서는 팔지만 여기에는 배를 건조한 나라나 조선소에 대한 정보는 찾아볼 수 없다. 물론 누가 어떤 배에 이름을 붙여 주었는지도 언급되어 있다. 예를 들어 핀란드에서 건조된 〈Navigators of the Seas〉호는 테니스 스타 슈테피 그라프가 이름 붙인 것이다. 터키 조선소 노동자들에 대해서는 단 한마디도 언급하지 않는다. 아이러니한 것은 배에서 제공되는 모든 제품에는 제조자가 표시되어 있다는 것이다. 그래서 배에서 사용되는 설탕은 피츠버그에 있는 어떤 회사의 제품이고, 세계에서 가장 좋은 보드카인 그레이구스(Grey Goose)는 프랑스 산이라는 것을 안다. 나는 로 얄 케리비언 사의 크루즈 선을 두 번이나 탄 적 있다. 그런데 나는 여 기서 배에 대해 간단하게 소개하고 있는 갑판 안내판에서 딱 한 번 핀 란드가 언급되고 있는 것을 보았다. 그곳에서 작은 글씨로 이 배를 설 계한 핀란드 인들의 이름이 적혀 있었다.

미국인들은 자기 것이 아니면 잘 받아들이려 하지 않는다. J.F.케네 디 우주센터에서 1960년대 새턴-8 로켓이 달을 향해 발사되었다. 이 센터를 국수주의적으로 다룬 영화에서는 오로지 미국인만이 우주의 정복자로 그려진다. 이 영화에서는 독일 엔지니어 헤르베르트 폰 브 라운이 동료들과 함께 로켓을 설계하고 만들었다는 사실은 전혀 언급 되지 않는다.

이따금 이런 자신감이 흔들릴 때도 있다. 소련이 세계 최초로 인공 위성을 우주 궤도로 쏘아 올렸을 때 미국은 충격에 빠졌다. 아마 역사 상 처음으로 미국인들이 자존심에 상처를 입었을 것이다. 제임스 쉐프 터가 쓴 것처럼, 오만하고 극단적인 자신감으로 가득 찬 사람들이 세 운 이 나라에는 더 이상 자신이 선두를 달리지 못할 수도 있다는 두려 움이 나타났다. 신문은 교육 시스템을 비판했다. 왜냐하면 교육이 과 학자나 엔지니어를 충분히 양성하지 못했기 때문이다.

마땅히 돌아가야 할 사람들에게 명예를 부여하는 것을 어려워하는 것은 러시아 인도 마찬가지다. 러시아 인이 북극의 해저에 깃발을 꽂 았다는 것은 사실이다. 하지만 그 당시에 최고의 잠수함이었던 유-

보트 미르(U-Boot Mir) 호가 없었다면 이것은 불가능했을지도 모른다. 그런데 이 잠수함은 1987년 핀란드의 라우마 레폴라 조선소에서 만든 것이었다.

스웨덴 인들이 가장 애착을 가지는 국가 신화는 이 나라가 북구에서 평화를 사랑하는 복지국가라는 소문이다. 여기서 무시되고 있는 사실은 이 나라가 누리고 있는 복지는 2차 대전 당시 철광석 무역에 기초하고 있다는 것이다. 스웨덴 학자 스테판 아인호른이 풍자적으로 이야기한 것처럼, 스웨덴은 이 전쟁에서 자국의 안전을 보장받기 위해 철광석을 좋은 가격에 나치에 팔았고, 이 때문에 전쟁은 더 길어지게 되었다.

1990년대 말 핀란드는 휴대폰가입자나 인터넷 사용자 숫자를 근거로 '정보화 사회'에 진입하기 시작했다. 그 전에 전화회사로도 알려져 있었던 한 기업의 안내 팸플렛은 90년 IT붐을 타고 '파헤치다'(Dig It Up)라는 제목을 달았다. 이 이름은 당시 활동했던 헤비메탈 그룹의 노래 제목을 잘못 쓴 것이었다. 핀란드에서 두 번째로 큰 도시인 에스포(Espoo)는 핀란드 거대 휴대폰 회사인 노키아의 본사가 있다는 데 큰 자부심을 느끼고 있었다. 그래서 이 도시를 안내하는 팸플렛 이름을 E이메일(Eemail)로 바꾸었다. 하지만 핀란드에서는 정부가 미래전략으로만 이야기하던 광대역 무선 통신 서비스를 한국과 같은 나라들이 시작하자 IT 붐은 소멸되고 말았다. 2009년 초반 유엔이 개별 국가들이 자국민의 여론을 듣기 위해 정보통신 기술을 어떻게 이용하고 있는지를 측정한 결과를 발표하자 핀란드의 정보화 사회는 결정타를 맞게 된다. 핀란드는 온두라스, 몽고와 함께 45위에 머물렀다. 10년도 되지 않아 핀란드는 메달권에서 밀렸다.

핀란드의 인터넷 서비스에서도 생각과 현실 사이의 불일치가 드러났다. 여론조사 회사인 TNS 갤럽(Gallup)은 핀란드 회사들의 이메일 이용실태를 조사했다. 모든 메일의 절반 이상이 답장을 하지 않는 상태로 있었던 이동통신 분야가 가장 취약한 분야로 드러났다. 은행 사무에서 전자우편 이용 실태에서도 평균 1/3이 답장하지 않았다. TNS는 2001년 이후로 고객 서비스의 신속성에 대해서도 조사했다. 전체 기간 동안 답장을 받지 못한 이메일의 비율도 이와 거의 비슷했다.

민족국가들은 종종 허영심으로 가득판 신화들을 만들어 내며 이에 대해 문제를 제기하면 좋아하지 않는다. 이슬람교 지식인인 알 비루니(Al-Biruni)는 15세기에 인도 사람들에 대해서 다음과 같이 신랄하게 썼다. "힌두교도들은 자기 외 다른 나라는 없고, 자기 외 다른 민족도 없으며, 자기 외 다른 왕국도 없고, 자기네 과학 외 다른 과학은 없다고 믿고 있다." 알 비루니는 인도 사람들은 더 많이 여행을 해서 다른 나라 국민들과 접촉을 해봐야 한다고 썼다.

인도인에 대한 알 비루니의 논평은 모든 문화에도 적용된다. 교과서는 자기 나라의 탁월함을 찬양하는 데 집중해야 한다고 주장하는 포퓰리스트(대중영합주의자)는 늘 있었다. 행정관청의 결정도 드물지 않게 자기 나라의 미화에 이용된다. 미국의 워싱턴, 러시아의 모스크바, 중국의 베이징, 인도의 뉴델리, 프랑스의 파리, 이탈리아의 로마, 브라질의 브라질리아, 터키의 앙카라 그리고 스페인의 마드리드 등 수도는 종종 자기 문화의 이미지를 공식적으로 대표하는 평화로운 내륙 중심지가 된다.

위에서 언급한 모든 나라들에는 수도 외에 뉴욕, 상트페테르부르크, 뭄바이, 마르세유, 나폴리, 리오 데 자네이로, 이스탄불, 바르셀로나 등 이보다 좀 무질서하고 자유로운 항구 도시들이 있다. 이들 항구 도시들은 전통적으로 통치자들에게 의심을 받는 곳이었다. 바르셀로나 시의 역사를 쓴 로버트 휴즈에 따르면 항구 도시들은 예전부터 외국의 영향이나 새로운 생각에 너무 개방적이었고 게다가 외국으로 나가는 길을 제공해 주기도 했다. 그래서 표토르 대제의 후계자들은 러시아의 수도를 모스크바로, 터키 공화국 건국의 아버지 케말 아타투르크(Kemal Atatürk)는 터키의 수도를 앙카라로 옮겼다. 심지어 브라질에서는 내륙에 인공도시를 건설하기도 했다.

보통 사람들은 친숙하거나 믿을 수 있거나 특히 자기 주변에서 나온 것들을 높이 평가한다. 주변을 둘러싸고 있는 것들에 대한 우리의 입장은 각자가 한 여러 체험에서 나오는데, 바로 이 체험이 우리가 정상적이고 이성적이며 선하다고 여기는 것들을 결정해 준다. 멀리 떨어진 지역들은 이국적이긴 하지만 위협적이기도 하다. 낯선 관습, 문화, 언어, 음식들은 우리를 즐겁게도 하지만, 압박하거나 심지어 방해할 수도 있다. 대부분의 사람들은 자기 고향에서 사는 것이 훨씬 쉽다. 낯선 문화를 이해하는 데는 종종 너무 많은 어려움이 따른다. 그래서 유로비전 송 콘테스트에서 이웃 국가들끼리 서로 후한 점수를 주고, 영화를 더빙하여 상영하며, 핀란드 인들은 외국에 나가서도 감자 무스나 저민 고기로 경단처럼 만든 전통 요리를 찾게 된다.

외교관이나 연구 여행을 떠난 사람들은 선입견을 가진 채 세계로 나가기 때문에 충돌을 피할 수 없었다. 프랑스 인들과 영국인들은 중국과 무역관계를 트려고 시도했을 때, 중국인들이 왜 처음에 자기들만 보면 화를 내는지 거의 이해할 수 없었다.

무릎 꿇리기 정치

중국의 역사가 후츠위는 1848년에 나온 책에서 서양인들은 대륙이라는 불리는 여러 부분으로 세계를 나누고 있다고 썼다. 여기서 대륙이란 유럽, 아프리카, 아메리카, 그리고 아시아였다. 후는 중국인들에게 서양인의 견해에 따르자면 중국은 아시아에 속한다고 설명했다. 그는 서양인들이 세계를 자기 마음대로 나누고 있는 것이라고 독자들에게 말했는데, 이 말은 아주 정확한 것이다. 무엇보다도 유라시아 대륙을 유럽과 아시아로 나누는 것은 지리학적으로 완전히 설명되지 않는다. 후는 중국인들에게 세계화된 서양인의 정치지리학을 구체적으로 설명하고자 했다. 중국인들이 자기가 아시아에 속한다는 사실을 몰랐다는 것은 결코 놀라운 일이 아니다. 중국의 연안에 나타난 유럽인들의 대포는 결코 무시할 수 없는 것이었다.

전통적으로 중국인들은 자기 나라가 세계의 중심이라는 자만에 빠져 있다. 중국이라는 국호의 뜻 자체가 중심을 의미한다. 중국은 중심에 있고 그 주변으로 야만인들이 살고 있다는 것이다. 외부 세계에 대한 중국인들의 이런 태도는 2천 년 동안 중국인들이 자기 나라와 같은 수준의 문화를 찾지 못했기 때문이다. 히말라야 산맥과 사막으로 고립된 중국인은 수천 년 동안 인도나 페르시아 문명과 같은 위대한 문명을 접하지 못했다.

명나라에서 시작된 중국의 고립 시대는 큰 문제를 야기했다. 중국은 외국과의 무역을 피했다. 1480년 정부는 정화 장군의 아프리카 여행에 관한 문서를 파기했다. 그다음으로 황제는 대양을 건널 수 있는 배를 건조하거나 대항해에 나서는 사람을 사형에 처했다. 이로 인해 수십 년 간 해적 활동이 기승을 부렸는데도 내륙에 위치한 수도 베이징에 있던 정부는 이를 막지 못했다.

대탐험의 시대에는 유럽 상인과 중국인 사이에 신뢰가 형성되지 않았다. 이 접촉은 자기 나라 밖에는 저속한 놈들만 살고 있다는 중국인의 선입견만 확인시켜 주는 꼴이었다. 특히 중국의 항구에 도착한 네덜란드 선원들은 대부분 거친 망나니들이자 무뢰한이었는데, 이들은 긴 항해 동안 해충에게 시달렸고 몸에서는 악취가 풍겼다. 북쪽 변경에서는 러시아 인들이 소요를 일으켰다.

17세기에 러시아 모험가들은 시베리아에 관심을 가지기 시작했다. 카자흐 인들은 국경지역에서 약탈을 서슴지 않았고 부녀자를 겁탈하고 죽이기까지 했다. 이런 약탈 행위는 아무르 강까지 이어져 카자흐 인들은 여기에 정착촌을 건설하기까지 했다. 1660년대 초에 러시아 인들은 중국과 무역을 트고자 했다. 중국인들은 러시아 황제에게 무역을 위한 전제조건으로 국경지대에서 자행되고 있는 약탈을 중지할 것을 먼저 요구했다.

러시아 황제는 학식이 높고 전 세계를 두루 여행한 학자인 니콜라에 밀레스쿠(Nicolae Milescu)를 중국으로 파견했다. 그는 중국과 러시아의 외교관계를 맺으라는 임무를 받았다. 밀레스쿠의 문제는 그가 너무 자의식이 강하고 중국에 대해서 거의 아는 것이 없었다는 것이었다. 가령 그는 중국 황제에게 보낼 서신을 몽골 황제에게 보냈다.

처음에 밀레스쿠는 베이징까지 갈 필요도 없다고 여겼다. 마침내 중국의 수도까지 가는 것이 불가피하다는 것을 알았을 때 그는 중국의 외교의례를 지킬 생각을 조금도 하지 않았다. 밀레스쿠가 베이징에 도달하기까지는 여러 주가 걸렸다. 하지만 그는 여전히 국경지대에서 카자흐 인들의 공격이 중국인들의 눈에 가시라는 사실을 알지 못했다. 오히려 그는 두 나라 사이의 광범위한 무역관계에 비하면 이 문제는 지엽적인 것이라 여겼다. 오만하게 무시하는 바로 이런 태도가 중국인들을 분노하게 만들었다. 청나라 궁전에 손님으로 와 있었던 유럽의 예수회 선교사들까지 나서 밀레스쿠에게 반복해서 이 문제를 지적했지만, 그는 무역조약이 제일 중요하다고 고집을 부렸다. 중국인들은 무역관계를 받아들이는 데 분명한 조건을 내걸었다. 그것은 아무르 강의 평화와 정복한 땅을 중국에 반환할 것, 그리고 밀레스쿠를 문명국가의 예의를 아는 외교관으로 교체해 줄 것이었다.

러시아는 새로운 인물을 특사로 파견했다. 중국은 국경도시인 네르친스크에서 근대에 들어 최초로 다른 나라와 공식적인 협상을 벌였다. 1689년 조약문이 작성되었는데, 그 내용은 아무르 강을 중국에 귀속시켜 공식적인 국경선을 설정하는 것과 무역을 시작한다는 것이었다.

러시아 인들은 밀레스쿠의 실패에서 많은 것을 배웠지만, 이렇게 배운 내용이 영국인들에게 전달되지는 않았다. 원래 영국은 중국의 궁전에 상설 대표부를 설치하고 광둥 지역 외 다른 항구에서도 무역을 할 수 있는 허가를 받으려 했다. 1792년 조지 매카트니(George Macartney) 경은 세 척의 배에 7백 명을 태우고 중국을 향해 떠났다. 이 배에는 영국의 좋은 물건들이 실려 있었다. 그해 9월에 그는 중국에 도착하여 황제와 협상을 시작할 수 있었다. 영국인과 중국 황제의 만남에서 가장 큰 문제는 중국 황제 앞에서 누구나 머리를 바닥에 박아야 한다는 삼궤구고두례(三跪九叩頭禮)였다. 이 의례는 황제 앞에서 행해지는데 먼저 세 번 무릎을 꿇어야 한다. 무릎을 꿇은 다음 상체를 앞으로 숙이고 이마를 땅에 닿게 해야 한다.

매카트니 경은 건륭제 앞에서 이 전통적인 고두의 예를 갖추어야 한다는 지시를 받았다. 매카트니 경은 그렇다면 이 고두의 예를 영국의 왕 조지 3세 앞에서도 행할 것이라고 선언했고, 그의 말을 통역한 중국 통역사는 깜짝 놀랐다. 결국 양측은 매카트니 경이 무릎을 굽히고 허리를 숙여 예만 갖추는 것으로 합의했다.

이 때문에 그는 만나기도 전에 이미 건륭제의 분노를 샀다. 황제는 매카트니 경이 가지고 온 선물을 좋은 무역상품의 견본품으로 간주한 것이 아니라 신하의 조공쯤으로 여겼다. 이것은 중국 황제가 영국 왕에게 보내는 편지에서도 분명히 드러나는데, 여기에서 중국 황제는 중국은 유럽의 물건은 단 하나도 필요 없고 그래서 두 나라 간의 무역은 불필요하다고 말한다.

이에 반해 실리를 추구했던 네덜란드 인들은 영국인이 저지른 실수를 되풀이하지 않으려 했다. 그들은 심지어 황제가 선물로 보낸 물고기 앞에서 무릎을 꿇기도 했다. 네덜란드 인들은 베이징에 머문 36일 동안 30번이나 무릎을 꿇었다고 한다. 제대로 허리를 숙이지 않을 경우 채찍 세례까지 받았다. 그럼에도 그들은 무릎 꿇기를 제대로 수행하지 못했다. 건륭제는 고두의 예를 갖출 때 네덜란드 인의 머리에서 가발이 벗겨지자 큰 소리로 웃었다.

1816년 영국은 또 한번 사신을 중국에 보냈다. 이번에는 암허스트 (Armherst) 경이 중국 황제를 만나기 위해 도착했다. 가경제(嘉慶帝)는 영국 사신의 도착을 달가워하지 않았다. 다시 황제를 만날 때 해야 할 고두의 예가 문제가 되었다. 암허스트 경은 삼궤구고두례를 갖추는 것은 거부했지만, 무릎을 세 번 꿇겠다고 약속했다. 이에 분노한 황제는 중국은 세계를 지배하는 강대국이며, 중국이 자신을 낮추어 이런 오만을 받아들이는 일은 있을 수 없다고 말했다.

영국인들의 제국주의적 사고방식에서 보면 무역을 거부한다는 것은 이해가 되지 않았다. 영국인들은 이에 대해 아편무역이라는 몰염치한 방법으로 응수했다. 그들은 마약 거래에 대한 도덕적 책임을 면해 보려고 인도산 아편을 제3자, 즉 중국에 들어가 있는 영국 민간 기업인에게 팔았다. 세계에서 가장 부도덕한 이 무역에 백만 명이나 종사했다. 아편무역의 대금으로 영국은 중국차를 받았다. 영국 동인도회사에서 근무하며 자유에 대한 글을 썼던 철학자 존 스튜어트 밀조차도 이렇게 말했다. "아편무역을 자유롭게 계속하는 것이 중국 인민이나 아편의 사용자들에게 유익한 일이다."

중국이 1839년 영국의 아편창고를 불태우고 영국인들을 광둥에서 추방하자 아편밀매인 윌리엄 자딘은 영국 외무상 파머스턴경에게 전쟁을 하자고 제안했다. 1841년 홍콩이 점령되자 중국은 아편무역을 위해 항구를 개항해야 했다. 자딘은 공로를 인정받아 영국 의회로 진출했고, 그가 세운 회사 자딘 매시슨(Jardine Matheson)은 홍콩에서 계속 운영되었다.

이 전쟁이 아편전쟁으로 불리고 영국의 무역 이익 때문에 일어난 것으로 알려져 있지만 다른 이유들도 있었는데, 그것은 무역을 거부하는 중국인들의 태도를 영국인들이 도저히 받아들이기 어려웠기 때문이다. 생산적인 무역관계로 발전할 수 있었을지도 모를 두 나라의 만남은 양측의 오만한 태도로 인해 실패로 끝났다.

주변 세계를 경멸하는 태도는 종종 대 제국조차도 불행에 빠뜨린다. 로마제국, 비잔틴제국, 인도의 무굴제국이 그 예이다.

이웃에 대한 경멸

로마, 비잔틴, 무굴 제국은 전대미문의 영화를 누렸다. 로마의 콜로세움, 이스탄불의 성소피아 성당, 북인도의 타지마할은 세계에서 가장 유명한 관광지다. 하지만 이 세 나라의 화려했던 영화도 같은 이유로 종말을 고하게 되는데, 그것은 이 세 나라가 모두 이웃 나라를 경멸하는 태도로 대했기 때문이다.

서양 역사에서 게르만 족, 켈트 족, 고트 족 할 것 없이 로마의 이웃들이 늘 야만인 취급을 당했다는 것은 납득이 가지 않는다. 노예제도, 멸시, 뻔뻔함이 야만적인 것이라면, 로마 인들은 이웃 나라보다 훨씬 야만적이다.

로마 황제 발렌티아누스의 동생 발렌스는 인종주의적 오만함과 무지로 인해 비극에 빠진 좋은 사례이다. 로마 황제는 364년 발렌스를 동로마 지역 황제로 임명한다. 발렌스는 수많은 오만한 사람들처럼 허영심이 많고 질투심이 강했다. 그는 자신의 취약한 권위가 확고한 토대 위에 있음을 보여주고자 했다. 그는 특히 이웃 종족인 고트 족을 무례하게 대했다.

어느 날 고트 족의 지도자인 프리티게른(Fritigern, 고트어로 바라던 평화라는 뜻)이 고트 족이 도나우 강을 넘어와 살 수 있도록 허락해 달라고 찾아왔다. 그들이 살고 있는 곳보다 이곳이 살기가 훨씬 더 좋았기 때문이다. 그는 평화롭게 살 것이며, 로마 군대를 위해 군역까지 지겠다는 약속까지 해 주었다. 발렌스는 이 제안이 로마에 유리하다고 생각했다. 왜냐하면 고트 족은 예전부터 모범적인 시민으로 정평이 나 있었기 때문이다. 발렌스는 이 제안에 동의했다. 프리티게른은 바르나로부터 서쪽으로 25킬로미터 내륙 지방으로 이주할 수 있다는 허락을 받았다. 하지만 로마 인들의 음험한 저의는 곧 드러났다. 고트 족들이 살도록 허락된 땅은 도저히 농사를 지을 수 없을 정도로 형편없었다. 그들은 굶주렸다. 발렌스의 부하들은 식량으로 개를 제공해 주었지만, 그 대가로 고트 족들이 자식을 노예로 팔아야할 정도로 비싼 값을 요구했다.

게다가 로마 인들은 고트 족을 엄중하게 감시하기까지 했다. 로마군 장군 가운데 한 명인 루피키누스(Lupicinus)는 특별히 몰염치했다. 그는 암시장에서 돈을 번 다음 고트 족들에게 정착지를 옮기라고 강요했다. 이들이 이틀만 연기해 달라고 부탁했지만, 이를 거절하고 그

지역 백성들에게 고트 족에게 돌을 던져 쫓아내라고 지시했다. 후일 루피치누스는 고트 족의 축제일에 고트 족을 공격하기까지 했다. 축제의 연회가 열리는 동안 적군을 공격하고 적장을 포로로 잡는 것은 로마 군이 사용하는 전형적인 전술이었다. 하지만 프리티게른은 살아남았다.

고트 족의 시각에서 이 상황은 도저히 그냥 넘어갈 수 없는 것이었다. 그들은 더 이상 로마 인들과 협상을 할 수 없었다. 로마 인들은 더 이상 신뢰할 수 없다는 것이 드러났기 때문이었다. 그래서 그들은 전쟁을 선택했다. 이 전쟁에서 로마 인들이 만난 고트 인들은 공황 상태에 빠진 오합지졸이 아니라, 잘 조직된 강한 군대였다. 그 전에 도나우 강에 정착했던 고트 족의 두 부족 테르빙엔(Terwingen)과 그로이퉁엔(Greutungen)이 하나로 통일되었는데, 역사는 이들을 서고트 족이라 불렀다. 377년에 그들은 프리티게른의 지휘 하에 마르키아노폴(Marcianopolis)을 공격했다.

발렌스는 군대를 모아 고트 족에 맞서기 위해 행군을 시작했다. 고트 족은 다시 협상을 원했지만, 로마 인들은 위기 상황에 맞추어 자신의 태도를 바꿀 마음이 없었다. 그들의 이데올로기에 따르면, 다른 모든 민족들은 로마 황제 아래로 예속되어야 했다.

발렌스의 오만함을 단적으로 보여주는 것은 그가 프리티게른이 보낸 사신을 대하는 태도였다. 그는 프리티게른이 보낸 사신이 격에 맞지 않다는 이유로 평화협상을 받아들이는 것을 거부했다. 로마 군은 진격을 멈추지 않았다. 프리티게른은 평화조약 체결을 협상하기 위해 다시 사신을 파견했다. 하지만 이번에도 발렌스는 사신을 돌려보냈다. 그의 직위가 충분히 높지 않다는 이유였다.

발렌스는 조카인 그라티아누스에게 도움을 요청했다. 조카는 전력을 강화할 때까지 참고 기다리는 것이 좋을 것 같다고 말했다. 발렌스는 이 충고를 듣지 않았다. 378년 그의 군대는 아드리아노플(Hadrianapolis)에서 고트 족을 만났다. 이 전투에서 로마 군 전체의 2/3에 해당하는 만 명이 전사했다. 그리고 아무도 발렌스가 어떻게 되었는지 모른다.

이 전쟁은 4년 동안 이어졌다. 로마는 큰 피해를 입었지만 여전히 자신이 강대국이라 믿었다. 로마제국의 영토에 살고 있는 고트 족들은 박해받았다. 일부는 원형극장에서 죽었고, 일부는 군대에 강제징집 되었으며, 일부는 노예가 되었다. 하지만 이 전쟁의 결과로 마침내 고트 족은 그들에게 원래 약속되었던 것을 받았다. 즉 자치와 도나우 강 남쪽의 땅을 얻었던 것이다.

아드리아노플 전투 때까지 로마 군은 천하무적으로 여겨졌지만, 이제 고트 족은 오만한 로마에게도 약점이 있다는 것을 알았다. 이 게르만 민족은 로마를 불편하게 만들기 시작했다. 마침내 476년 9월 게르만 족의 지도자 오도아케르(Odovakar)는 로마 시를 점령했는데, 이 사건으로 서로마제국은 멸망했다.

이로써 역사상 가장 폭력적이고 가장 잔인한 살인기계가 몰락했다. 서로마는 화려한 건축물을 남겼다. 수십만 대중들의 오락을 위해 도살 행위가 이루어졌던 원형경기장이 가장 인상적인 건물이라는 사실이 독특하다. 역사가인 피터 헤더는 로마제국이 몰락한 원인이 로마 인들이 게르만 족과의 관계를 잘 관리할 줄 몰랐기 때문이라고 본다. 로마제국은 이와 같은 공격적인 제국주의 때문에 몰락했다.

역사가 아자 가트는 로마의 몰락 원인을 모든 것을 질식시켜 버리는 중앙집권체제 때문이라고 보는데, 이것은 지방이나 개인이 자발성을 발휘할 여지를 남기지 않았다. 시간이 흐를수록 관료주의자들의 숫자가 불어났고, 관리들은 점점 국민들과 담을 쌓았다. 이들을 비판적으로 통제할 만한 기관은 없었다. 세금은 정기적으로 올랐다. 왜냐하면 관료주의나 황제의 사치, 그리고 군대를 유지하기 위해서는 많은 비용이 들었기 때문이다. 세금으로 거두어 들인 수입의 대부분은 군대에 들어갔다. 여기다 공공건물, 국가가 지원하는 빵 생산이나 서커스 공연에도 막대한 세금이 추가적으로 투입되었다. 이 모든 것이 로마제국의 몰락을 앞당겼다. 게다가 귀족들이 관료들의 권력을 더 강화해 주었다. 왜냐하면 이들은 사치스러운 생활을 즐기기 위해 일선에서 물러나 있어 국가 현안을 통제할 힘을 잃어버렸기 때문이다. 관료주의의 득세, 높은 세금 그리고 영향력의 약화가 국민들을 수동적으로 만들었다. 게다가 왕위계승 전쟁이 반복적으로 일어나면서 농촌지역은 폐허가 되었다. 이 모든 이유로 외국의 위협을 막기 위해 국민을 동원하는 일이 점점 더 어려워졌다. 로마의 국경은 게르만 족의 공격에 점차 허물어져 갔다.

동로마제국의 유물인 비잔틴제국의 몰락의 씨앗도 마찬가지로 로마에서 뿌려졌다. 역사상 가장 어리석었던 선교전쟁은 야심에 불탔던 교황 이노센트 3세가 시작한 제4차 십자군 원정이었다.

13세기에 제노바와 베니스는 지중해 지역의 무역패권을 차지하기 위해 경쟁을 벌였다. 베니스는 한 번도 살아 본 적이 없었던 기독교도들의 성지를 수복하겠다는 이상한 생각으로 추진된 십자군 원정에 돈을 댔다.

동로마제국은 군사작전보다는 외교전을 선택했다. 십자군 기사들은 이것을 비겁한 짓이라 보았다. 그들은 비잔틴이 아랍 인이나 터키인들과 외교관계를 맺는 것이 이해되지 않았다. 그들의 눈에 이것은 배신이었다.

4차 원정의 목표는 이집트 정복이었다. 베니스는 병참지원을 약속했지만, 이 원정에 나선 기사의 수가 너무 적었기 때문에 원정 자체가 이루어지기 힘들었다. 그러자 베니스 인들은 달마티아(Dalmatien, 아드리아해 동부) 해안에 자리 잡은 기독교 도시 자라(Zara)를 쳐서 원정에 필요한 자금을 모으자고 기사들에게 제안했다. 실제로 이 도시의 공격에 성공함으로써 전쟁에 필요한 자금은 확보되었다. 게다가 십자군 기사들은 자라에서 모반을 준비하고 있었던 동로마제국의 왕자 알렉시우스를 만나기까지 했다. 알렉시우스는 자신이 왕위에 오르는 데 도움을 준다면 기사들에게 많은 상금을 내리겠다고 약속했다. 그 밖에도 콘스탄티노플에 있는 교회를 교황의 지배 하에 두겠다고도 약속했다. 그래서 기사들은 이집트의 알렉산드리아를 치기 전에 먼저 콘스탄티노플을 공격하기로 합의했다.

1203년 십자군 기사들은 알렉시우스 4세를 왕으로 옹립했다. 하지만 그들이 왕에게 영수증을 내밀자 왕은 약속을 깨 버렸다. 기사들은 일 년 동안 이 돈을 기다렸다. 그들은 최후통첩을 보냈지만 비잔틴 사람들은 이마저도 거부했다. 납득이 가지 않지만 알렉시우스와 그의 신하들은 기사들이 합의된 내용의 일부만이라도 지켜 달라는 요구까지 거절할 정도로 어리석은 짓을 범했다.

1204년 기사들은 공격을 결정했다. 이 공격의 책임자는 베니스 인이고 엔리코 단돌로였다. 그가 이 임무를 떠맡은 데는 개인적 이유도 있었다. 그는 얼마 전에 콘스탄티노플에서 한쪽 눈을 잃었기 때문이었다.

오늘날 박물관이 된 성소피아 성당은 지은 지 1500년 이상이 지났는데도 놀라울 정도로 잘 보존되었다. 이 성당은 지진이나 정복전쟁에도 잘 버텼다. 이 성당의 역사에서 최악의 사건은 단돌로가 지휘한 전쟁에서 자행된 약탈이었다. 십자군 기사들은 도시로 몰려와 바로 이 교회에 난입했다. 그들은 황금으로 만든 제단을 뜯어내 전리품으로 챙겼다. 교회의 여러 보물들은 당나귀나 말에 실려 나갔다. 말이 매끄러운 바닥에 미끄러져 쓰러지면 기사들은 그 말을 죽여 버렸다.

림부르크 대성당에 보관된 동로마에서 약탈한 성 유물관은 오늘날까지도 중세에 가장 아름다운 기독교 도시를 이들이 5일 간 어떻게 약탈했는지를 잘 보여준다. 그 결과는 완전한 대재앙이었다. 동로마제국은 물론이고 교황의 권력에도 완전히 큰 재앙이었다. 단돌도가 콘스탄티노플에 세운 꼭두각시 정부는 여러 가지 희망을 실현하지 못했다. 이노센트 3세는 동로마 교회와 로마 교회의 관계가 통합에 이를 수 있을 정도로 더 좋아지기를 기대했다. 하지만 이제 서로마 교회의 지도를 받게 된 동로마는 무력해지기만 했다. 1261년 콘스탄티노플이 단돌도의 꼭두각시 정부에서 다시 동로마제국으로 넘어가게 되자, 상황은 바뀌었다. 동로마는 무역권을 제노바에게 줌으로써 제노바가 지중해의 패권을 차지하게 되었다. 그리스 인들은 교황의 권위를 인정하지 않아, 두 교회는 오늘날까지 분리되어 있다. 동로마 사람들은 자신의 교우들을 더 이상 믿지 않았다. 동로마는 서로마와 거리를 유지하며 점점 이슬람의 영향권으로 들어갔다. 서로마의 지배를 받는 것보다 오스만제국의 지배를 받는 것이 그나마 더 나았다. 동로마에서 터키 인들의 터번이 교황의 교황관보다 더 낫다는 말이 격언처럼 퍼져 있었다. 터키 인들의 위협이 상존했음에도 불구하고 많은 동로마 인들은 서로마의 도움을 받는 것은 문제가 많다고 여겼다. 1453년 터키 인들이 콘스탄티노플을 점령했다. 비잔틴제국은 더 이상 존재하지 못했으며, 이 도시의 이름은 이스탄불(Istanbul)로 바뀌었다.

종교적 차이가 동로마제국의 힘을 약화시키다가 마침내 이 제국의 몰락을 확정지었다. 인도에서도 이와 같은 일이 벌어졌다. 사치에 젖어 있던 북인도의 무굴제국은 오랑제브(Aurangzeb) 황제의 통치시기의 무절제함이 로마제국과 비슷했다.

인도의 오래된 도시 델리의 아침. 하얀 모자를 쓴 무슬림들이 기도를 드리기 위해 거대한 회교사원 자마 마스지드에 모였다. 이 회교사원에서는 회교사원 거리와 17세기 샤 자한 황제가 세웠던 붉은 성 랄 낄라의 웅장한 장관이 펼쳐진다. 무굴제국의 샤 자한 황제는 자마 마스지드 사원과 세계에서 가장 아름다운 건물로 불리는 타지마할을 아그라에 세웠다. 무굴제국의 수도를 아그라에서 델리로 옮긴 사람은 샤 자한 황제였다. 그래서 오늘날까지 무슬림들은 델리를 샤 자한바드, 즉 '샤 자한의 도시'라고 부른다.

겸손함은 무굴제국 군주에게 어울리지 않았다. 자한기르라는 이름은 '세계의 정복자'라는 뜻이고, 샤 자한은 '세계의 왕'이라는 뜻이다. 샤 자한의 아들 오랑제브가 1658년 왕위에 오르자 이 제국은 내부에서 몰락이 시작되었다. 그 이유는 오랑제브의 무절제함 때문이었다. 왕위에 오르자마자 그는 남동생인 다라와 그의 가족들을 체포했고, 일 년 후에 처형했다. 다라는 예술을 장려했고 종교문제에서도 관용을 베풀었다. 오랑제브는 동생과는 전혀 다른 사람이었다. 그는 엄격한 무슬림이어서 아버지와 손을 잡았던 사람들이나 힌두교도 통치자들을 온건하게 잘 다루지 못했다. 그는 힌두교 통치자들을 모두 최고 귀족인 무굴제국 군사령관 밑으로 예속시켰다. 오랑제브는 비밀 경찰을 이용해 이단 종교운동의 숨통을 끊어 버렸다. 그는 시크교도나 힌두교도들을 강제로 개종시키려 했고, 힌두 사원을 헐어 버리고 그 자리에 이슬람 사원을 짓게 했다.

오랑제브 치하에서 힌두교도들을 멸시한 흔적은 여러 군데 남아있다. 힌두교도들은 무굴제국에 저항했다. 이들은 1664년 마라타 왕국을 세우고 오랑제브가 죽을 때까지 격렬한 전쟁을 벌였다. 마라타 족의 왕인 시바지는 유격전술을 사용하며 대 무굴제국의 영토를 야금야금 먹어들어갔다. 인도 중서부의 마하라슈트라 주에서는 오늘날까지도 그가 민족 영웅이다.

오랑제브는 자부심과 고집 때문에 무굴제국을 점점 더 큰 어려움에 처하게 했다. 그는 마라타 족 농부들의 땅을 폐허로 만들었는데 이 때문에 피해를 입은 농민들의 큰 저항을 불러일으켰다. 힌두교 통치자들의 미망인들인 타라바이가 평화를 제안했지만 그는 이것조차 거부했다. 1679년 그는 모든 이슬람 교도들에게 인두세를 내게 했다. 농부들은 세금 납부를 거부했다. 이 때문에 세입이 줄어들었지만 농촌지역에 대한 공격은 더 늘어났다.

오랑제브는 1705년에 불행하게 죽었다. "나는 고독하고 외롭다. 고통은 나의 운명이다." 대 무굴제국의 마지막 통치자는 이렇게 썼다.

무굴제국의 권력은 마침내 엄청난 음모로 인해 무너졌다. 오랑제브의 후계자들 가운데 네 명은 암살당했고, 한 명은 가택연금 당했다. 무굴제국의 적들이 우위를 점하다가 마침내 마르타 족이 무굴제국을 무너뜨렸다.

오랑제브는 인도 역사에서 논란이 많은 인물이다. 힌두교에 대한 그의 무자비한 태도는 오늘날에도 여전히 인도나 파키스탄의 여러 정치 종교적 집단들 간의 갈등에 영향을 미치고 있다.

모든 제국들의 마지막은 형편없이 끝났다. 모두 탐욕적으로 변하면서 자신의 위대함을 너무나 당연한 것으로 여기다가 불행한 운명을 맞이한다.

사투리 조롱하기

2005년 9월 언론은 마흔 살 케빈 테스터에 대한 뉴스를 보도했다. 영국인인 테스터는 불가리아의 흑해에서 휴가를 보내고 있었다. 그런데 이 휴가는 가라오케 바에서 불쾌하게 끝났다. 그곳에서 현지인 한 쌍의 노래를 들었을 때 테스터의 분노는 폭발했다. 그는 노래하던 두 명의 현지인을 폭행했고 자신에게 천박하다고 욕을 해댄 다른 손님들에게도 덤벼들었다. 그는 왜 그랬을까? 그 이유는 현지인들이 퀸의 노래 '위 아 더 챔피온'(We Are The Champion)의 가사를 제대로 부르지 못했기 때문이었다. 스스로 영어를 아끼고 보호하는 사람이라 자부한 테스터는 이 일로 48시간 구류 처분을 받았다.

외국어를 할 때 실수를 범하는 사람들은 가끔 정신장애가 있는 사람처럼 취급받는다. 힌두교도들은 인더스 강 서쪽에서 살고 있는 사람들을 믈레차(mleccha)라고 부른다. 이 말은 산스크리트어를 제대로 할 줄 모르는 외국인이나 아리안 인종이 아닌 사람을 뜻한다. 이 말의 두 번째 의미는 야만인인데 이것은 말더듬이를 뜻한다. 믈레차들은 경멸의 대상이자 불가촉천민이다. 힌두교 서사시 '마하바라타'(Mahabbarata)는 외국인들을 흉측한 얼굴로 동굴에 사는 인간이라 말한다. '바르바르'(Barbar)라는 말은 원래 고대 그리스 어 바르바로스(barbaros)에서 나온 것이다. 호메로스는 소아시아 사람들은 '바르바르쉬'(barbarisch)하게 말한다고 했다. 여기서 '바르바르쉬'란 그리스 사람들이 알아들을 수 없는 말이라는 의미다. 그리스의 3대 비극 시인인 아이스킬로스는 페르시아 인들을 야만인(Barbaren)이라고 불렀다. 그 이유는 페르시아 인들은 '말(馬)처럼 말하기' 때문이었다.

북아프리카의 베르베르 족(Berber)은 로마 인들이 붙인 이름이다. 로마 인들의 눈에 이 인종은 야만인처럼 보인 것 같다. 베르베르 족 스스로 이 명칭을 사용한 것은 아니었다. 로마 인들은 동쪽이든 북쪽이든 만나는 사람들마다 야만인이라 불렀다. 그들에게 게르만 족이나 고트 족 그리고 숲이나 대초원에 사는 유목민족들은 알아들을 수 없는 사투리를 쓰는 야만인이기는 마찬가지였다.

가끔 어떤 외국어는 언어로 인정받지 못하는 경우도 있다. 콜럼버스는 1492년 편지에서 자신이 6명의 인도인들을 스페인으로 데려가는데, 그 이유는 이들에게 말하는 법을 가르치기 위해서라고 밝혔다. 네덜란드 인들은 나미비아와 남아프리카 공화국에 살고 있는 호사 족(Xhosa)

들을 '호텐토텐'(Hottentotten)이라 불렸는데, 이 말의 뜻은 '딸국질'이나 '말더듬이'를 의미한다. 세계적으로 가장 유명한 호사 족은 노벨평화상 수상자이자 남아프리카 공화국 대통령이었던 넬슨 만델라이다. 그는 네덜란드 문화에 관심을 가졌고 심지어 27년 간의 수형생활 동안 남아프리카 공용 네덜란드 어인 '아프리칸스 어'를 배우기까지 했다.

아프리카와는 달리 유럽에서는 여러 개의 공용어를 가진 나라들이 별로 없다. 핀란드와 핀란드 어에 대한 스웨덴의 무지는 놀라울 정도인데도 핀란드 사람들은 스웨덴 어 이름을 어떻게 쓰는지 알고 있다. 북유럽 문학상과 스칸디나비아 드라마 상을 받고 스웨덴에서만 만 권의 책을 판 핀란드 작가 카리 호타카이넨(Kari Hotakainen)의 이름이, 시상식을 보도하는 스웨덴 신문 〈다겐스 니헤테르〉에서는 카리 호트카이넨(Kari Hotkainen)으로 알려졌다. 하지만 스웨덴의 언어적 오만함을 보여주는 가장 대표적인 사례는 2009년 봄 노르디아(Nordea) 은행이 주식상장을 위한 기업공개문서를 스웨덴 어와 영어로만 발표한 것이다. 노르디아 은행의 대다수 주주들이 핀란드 어를 사용하는 핀란드 인데도 말이다.

큰 언어권의 대표언어는 본성상 교만하다. 제임스 본드라는 캐릭터를 만들어낸 작가 이언 플레밍은 1960년대 초반 세계 일주에 관한 책을 써 달라는 청탁을 받았다. 플레밍은 자신이 방문했던 모든 나라를 제멋대로 깎아내렸지만, 레바논에서 가장 크게 분노했다. 그 이유는 무엇일까? 우선 베이루트 공항의 안내방송이 아랍어로만 나왔던 것이다. 플레밍의 생각으로는 이것은 작은 나라가 거드름 피우는 행동이었다.

도널드 트럼프 미국 대통령이 2015년 공화당 대선 후보 경선에 나섰을 때, 그는 다른 후보인 젭 부시가 선거유세를 하면서 스페인 어로 연설하자 짜증을 냈다. 트럼프는 젭 부시가 미국에 있는 동안에는 영어로 연설함으로써 모범을 보여야 한다고 주장했다.

그는 어느 신문과의 인터뷰에서 "우리는 동화되기 위해 반드시 영어를 말해야 하는 나라이다."라고 말했다. "우리에게는 아주 오랫동안 동일한 말을 사용하고 있는 많은 국민이 있다. 이 나라는 영어를 사용하는 나라이지 스페인 어를 사용하는 나라가 아니다."

트럼프에게는 단 하나의 언어로 말하는 것이 애국심의 지표였다. 트럼프가 슬로베니아 출신 부인인 멜라니아에게 그녀의 모국어를 사용하는 것을 허락할지 의문이다. 하지만 이것은 대통령 후보가 외국어를 능숙하게 사용한다는 이유로 비판을 받은 첫 번째 사례는 아니다. 민주당의 존 케리 역시 2004년 프랑스 어를 잘 한다는 이유로 비판 받고 놀림당한 적이 있다. 이처럼 정치인의 외국어 능력이 실제로 문제가 되는 세계에서 다른 나라를 배려하는 것은 매우 어렵다.

큰 언어권의 국민들은 사람들이 자신의 모국어를 서툴게 말할 때도 화를 내지만, 이보다 더 심하게 화를 내는 경우는 사람들이 자기 모국어를 전혀 하지 못할 때이다. 전 세계 4천5백 명의 호텔 직원들을 상대로 한 설문조사에서 프랑스 인들이 가장 형편없는 관광객으로 선정되었다. 이들은 프랑스 인이 불친절하고 외국어 능력이 없다고 말했다.

큰 문화권은 텔레비전의 도움으로 자기 언어를 지킨다. 수입 영화를 더빙함으로써 유럽 대부분의 나라는 외국어 구사 능력이 떨어진다. 내 독일 친구들 가운데 한 명은 더빙이 영화를 제대로 즐길 수 있게 해준다고 자신 있게 주장하기까지 한다. 외국어를 배우기 위해 노력할 필요가 없고, 자막을 보는 대신 영화의 뉘앙스에 집중할 수 있다고 말한다. 이 때문에 존 웨인은 독일 텔레비전에서 완벽한 표준 독일어를 구사한다. 2차 세계대전 이후 이탈리아, 독일, 스페인에서는 더빙이 법으로 규정되기까지 했다.

유럽에서는 두 개 민족이 자기 모국어를 모든 곳에서 사용할 수 있는 권리를 확보하기 위해 경쟁하고 있다. 여기서 영국인들은 많은 성과를 올렸다. 이미 세계의 많은 국가들이 영어를 공식적인 무역언어로 사용하고 있다. 하지만 이것은 프랑스 인들에게는 이해하기 어려운 일이다.

2006년 3월에 EU 봄 총회가 열렸다. 프랑스 노동자연맹(Unice) 위원장 에르네스트 앙투안 세이에르가 유럽 25개국 국가수반 앞에서 연설을 했다. 첫 문장이 끝나자 프랑스의 시라크 대통령이 왜 모국어를 사용하지 않느냐며 그의 말을 끊었다. 세이에르가 영어로 말했던 것이다. 그는 영어가 경제 분야에서 공용어처럼 사용되는 언어이기 때문에 영어를 사용하기로 했기 때문이라고 말했다. 시라크 대통령은 이 말을 받아들일 수 없었다. 그는 두 명의 장관과 함께 회의장을 빠져나와 버렸다. 시라크 대통령은 어울리지 않은 언어로 자기 의사를 표현하는 프랑스 인을 만나 매우 큰 충격을 받았다고 말했다. 프랑스는 오래전부터 프랑스 어가 올림픽이나 유엔, 그리고 EU에서 공식적으로 사용될 수 있도록 노력해 왔다. 그들은 세계는 단 하나의 언어만 사용하도록 제한되어서는 안 된다고 주장한다.

시라크 대통령은 프랑스 어의 위상을 세우기 위해 부단히 노력했다. 유엔 총회에서 그는 영어로 던진 질문은 알아들을 수 없다는 핑계로 영국 수상 토니 블레어에게 통역을 세울 것을 요구했다. 미국에서 유학했고 유창한 영어를 구사했던 시라크 대통령의 편협하고 오만한 태도는 프랑스와 영국의 돈독한 관계를 크게 훼손시켰다.

프랑스 인들이 언어에 대해서 굉장히 예민한 반응을 보인다는 것은 널리 잘 알려져 있다. 프랑스에서는 공식적인 연설에서 영어 표현을 사용하면 경우에 따라서는 벌금을 물어야 한다. 프랑스 대통령 사르코지가 대통령에 취임하자마자 국제 방송 채널인 TF1에서는 프랑스 어로만 방송을 내보내게 하자고 제안했을 때 아무도 놀라지 않았다.

프랑스 인들의 바로 그 오만함 때문에 프랑스 어가 세계 언어가 될 기회를 놓쳤다. 1066년 9월 27일 초저녁 4백 척의 배가 돛을 올리고 8천 명의 군인과 2천 마리의 말을 노르망디에서 영국으로 실어 날랐다. 그다음 날 아침 이 함대는 영국 해안에 닿았다. 노르망디 공작 윌리엄은 곧장 육지로 상륙해 군대를 이끌고 해스팅스로 진격했다. 영국의 미래는 여기서 결정된다.

해럴드 왕과 그의 군대는 이 노르만 족에 맞섰다. 해스팅스 전투에서 영국인들은 패배했으며 해럴드 왕도 전사했다. 이 전쟁의 승리로 월리엄 공작은 정복자이자 영국 왕이 되었다. 그리고 영어가 중요한 언어가 된 것은 그 덕분이었다. 왜냐하면 자식들을 파리로 보내 교육시킨 노르만의 귀족들은 파리 사람들이 자신들을 멍청한 시골뜨기 농부로 간주하며 무시한다는 것을 알았기 때문이다. 파리에서는 목구멍 소리를 내며 조야하게 말하는 노르만 인들이 조롱의 대상이었다. 영국을 정복한 이들은 프랑스와 거리를 두며 영어라고 불리는 자신의 새로운 언어에 자부심을 갖기 시작했다.

프랑스 어와 영어는 신속하게 혼합되며 공존하기 시작했다. 영어는 노르만 족이 쓴 불어에서 만 개 이상의 새로운 어휘를 만들었다. 하지만 1399년 헨리 4세가 왕위에 오르고서야 비로소 영어를 모국어로 사용하는 왕이 탄생했다.

영어의 운명은 산스크리트 어의 운명과는 달리 전개되었다. 인도에서 산스크리트 어는 엘리트들의 언어였다. 이들 엘리트들은 종교생활이나 문학 활동을 하기 위해 산스크리트 어를 배웠다. 이 언어는 그 순수성과 사용 권리가 브라만 계급에게만 엄격하게 제한된 특권 언어였다. 그래서 오늘날 겨우 몇 천 명만 이 말을 할 수 있다.

영어는 수많은 지방 방언과 변이형태를 가진 통일되지 않은 언어로 변한다. 그래서 가령 핑글리쉬(Finglish)는 영어와 핀란드 어의 혼합어다. 그래서 영어 개념을 전혀 번역하지 않아도 된다. 우리는 quarterly 1(1/4분기) 동안 key account manager(영업사원)의 balance score card(균형성과지표)라는 말을 일반적으로 사용한다. 스칸디나비아 국가들에서 일상적인 영어와 자국어의 이 기이한 혼합은 영어가 세계의 지도적 언어가 되는 길을 열어 주었다.

세계를 지배하는 언어는 교체된다. 바빌론 어, 페르시아 어, 그리스 어, 아람 어, 아랍 어 그리고 라틴 어가 이미 이런 지위를 누렸다. 글로벌 경제체제에서는 아무도 자기 모국어만 사용할 것이라고 말할 수 없다. 서양인들에게는 매우 고통스럽게 들릴지 모르겠지만 오늘날 세계에서 가장 많이 사용되는 언어는 중국어이다. 세계 무역의 중추가 중국어로 이동한다면 영어도 아마 중국어에 의해 세계의 언어라는 지위를 내려놓게 될 것이다. 앞으로 일을 누가 알겠는가?

4_ 더 나은 사람들

우리는 왜 나보다 더 예쁘거나 힘이 더 센 사람을
더 나은 사람이라고 생각하는가.
성공한 사람들은 왜 자신이
다른 사람들보다 훨씬 더 많은 권리를 갖는 걸
당연하게 여기는가.

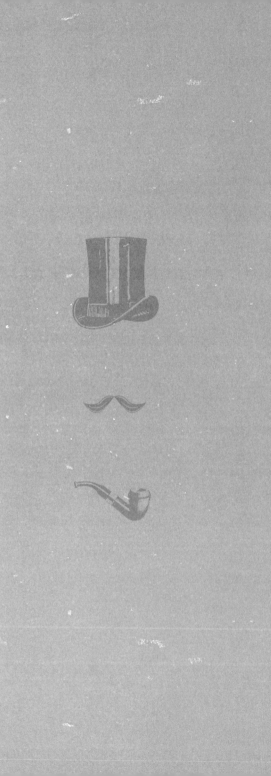

억만 장자 리처드 브랜슨(Sir Richard Branson) 경은 방송 프로그램 '더 레벨 빌리어네어'(The Rebel Billionaire)에 출연할 후보자들을 선발했다. 이 프로그램의 우승자에게는 브랜슨 경이 경영하는 영국 기업 버진(Virgin)의 사장 자리를 약속했다.

방송에 출연할 후보자들은 택시를 타고 브랜슨의 집으로 왔다. 매번 이 택시를 모는 사람은 브랜슨이었는데, 그는 자신을 절뚝거리는 택시 운전사로 변장하고, 도중에 부담 없이 잡담을 늘어놓기도 했다. 목적지에 도착하면 그는 가면을 벗었다. 그는 후보자 가운데 두 명을 바로 퇴출시켰는데, 그들이 택시에서 나쁜 태도를 보였기 때문이다. 브랜슨은 이들처럼 평범한 사람들을 경멸하듯 대하면 자기 회사는 망할 것이라고 보았다.

누구나 브랜슨의 테스트 정도는 통과할 수 있는 것이라 생각할 것이다. 하지만 우리는 얼마나 자주 상대의 행동, 취미, 복장, 말, 직업을 보고 그가 성공한 사람인지 실패한 사람인지를 구분하는가?

〈뉴욕타임스〉의 식당 비평가 루스 레이셜도 이런 변장전술을 썼다. 빈틈없고 철저한 자세로 그녀는 이 유명한 신문의 레스트랑 비평란을 혁신했다. 비평의 신뢰성을 높이기 위해 그녀는 모든 레스토랑을 두 번 방문했다. 한 번은 자기 모습으로 또 한 번은 변장을 하고 말이다. 그녀는 때로는 서양 중산층의 평범한 주부의 모습으로 가고, 또 때로는 얼마 되지 않는 연금으로 일생에 단 한번 분위기 좋은 레스토랑에서 식사를 하고자 하는 소심한 할머니로 변장했다. 유명한 비평가의 모습이 아니라 평범한 일반인으로 고급 레스토랑에 가면 서비스가 전혀 다르다는 것을 눈치챈 것은 당연했다. 평범한 손님으로 식사를 예약하자, 그녀는 바에서 기다려야 했고 마실 것을 내놓지도 않았다. 이웃 테이블과는 다른 음식이 그녀에게 추천되었을 뿐 아니라 더 나은 손님이 오자 와인 리스트도 가져가 버렸다. 하지만 레이셜이 가공할 식당비평가의 모습으로 레스토랑을 방문하자, 대접이 확 바뀌었다. 식사는 훨씬 빨리 나왔고, 맛있는 음식이 추가로 계속 나왔다. 이런 불공평한 대접을 받고 충격을 받은 레이셜은 이 체험을 책에 썼다.

브랜슨과 레이셜은 '미운 오리새끼' 이야기가 오늘날에도 진실임을 보여준다. 두 사람은 변장을 통해 사람들이 끊임없이 외모를 보고 사람을 판단한다는 것을 알았다. 흔히 우리는 다른 사람의 외모만 보고도 그의 서열을 매길 수 있다고 생각한다. 우리는 첫인상이 좋은 사람을 상대하는 것을 훨씬 좋아한다. 면접 때 적지 않은 인사 담당자들이 내용 없이 겉만 번지르한 사람들에게 속아 넘어간다. 지각의 90퍼센트를 시각에 의존하는 우리는 시각적 자극에 의해 반응한다.

많은 사람들이 특히 의복에 주목한다. 다른 사람들은 상대가 쓰는 어휘나 교육, 아니면 상대가 타고 다니는 차를 토대로 평가한다.

웨일즈 대학 심리연구소에서는 돈이 많아 보이는 외양이 한 사람을 섹시하게 보이도록 만드는 데 어떤 영향을 미치는지를 연구했다. 21세에서 40세까지 여성 그룹에게 동일한 남자가 은색 벤틀리 컨티넨탈과 찌그러진 포드 피에스타를 타고 있는 사진을 보여주었더니 피에스타를 탈 때보다 벤틀리를 탔을 때 훨씬 더 매력적인 인상을 준다고 했다. 이 연구는 여자가 어떤 차를 타는가는 남자들에게 그리 중요하지 않다는 것도 보여줬다. 심리학자 던(Dunn)의 견해에 따르면, 남자들은 여자들의 몸매나 얼굴을 보고 판단하는 반면, 여자들은 배우자의 재산 상태를 보고 판단한다.

이런 가치들은 다른 문화권에서도 유효한가? 미국의 심리학자 버스(D.M.Buss)는 37개 문화권의 파트너 선택 기준을 조사했다. 결론은 가혹하긴 하지만 놀랍지는 않았다. 모든 문화권에서 건강과 웃음이 높은 평가를 받았다. 남자들은 자신의 부를 마음껏 뽐냈고, 자기 힘을 과시했으며, 젊고 예쁜 여자를 찾았다. 여자들은 부자이며 출세한 남자를 파트너로 선호했다.

사회심리학자 마이클 이가일은 매력적인 남자일수록 쉬운 일을 하며 보수는 많이 받는다고 주장한다. 게다가 젊고 매력적인 여자는 법정에서 처벌도 상대적으로 가볍게 받는다. 이것은 부당한 것 아닌가? 외모는 예전부터 중요한 역할을 했다. 어느 시대나 미남은 다른 사람들보다 더 나은 대접을 받았다.

중세에는 외모를 매우 중시했다. 중세 연구가 한넬레 클레메틸라에 따르면, 중세인들은 육체와 영혼은 불가분의 한 몸을 이루고 있기 때문에 외모는 내면의 성격을 말해 준다고 믿었다. 추한 외모는 보잘것 없고 형편없으며 부도덕한 사람의 전형적인 특징으로 간주되었다. 남자는 힘이 세야 하지만 너무 세어서는 안 되었다. 왜냐하면 그것은 육체노동과 낮은 신분을 암시하기 때문이었다.

중세 이탈리아에서는 과체중인 사람이 지배계층에, 마른 사람은 가난한 사람에 속했다. 19세기에 비로소 점차 마른 사람을 이상형으로 보는 시각이 퍼져 나갔다. 2차 세계대전 때까지는 갈색피부가 사회적으로 신분이 낮다는 표시로 간주되었다. 패션계의 여왕 코코 샤넬이 갈색으로 태운 자기 피부를 자랑스럽게 보여주자 다른 부자들도 자기 몸을 선탠하기 시작했다.

중세시대에는 복장도 신분에 따라 제약을 받았다. 사치법은 신분에 걸맞게 옷을 입도록 규제했다. 개인이 통상적인 규범을 벗어나는 방자한 행동을 하지 않는 한, 신이 부여한 체계는 변하지 않았다. 베니스에서는 검은색 옷을 입으면 의원, 노란 옷을 입으면 매춘부, 옷에 별 표시를 달면 유대인이었다. 고대 중국에서는 오로지 황제나 고관대작들만 비단옷을 입을 수 있었다. 바로크 시대 유럽에서는 상류층만 굽이 높은 신발을 신고 가발을 쓰며 얼굴에 화장을 할 수 있었다. 자세하게 규정된 법도를 지키지 않고 자기 멋대로 말을 함으로써 일반적인 행위 규범을 어긴다면 누구든 완전히 파국을 맞이했다. 사치스럽다는 의미인 '신발 사이즈가 크다'는 관용어는 중세 시대 남작들만 기괴하게 긴 신발을 신을 수 있는 권리가 있었다는 것에서 유래했다.

오늘날에도 여전히 부자들은 복장을 통해 자신들이 특별한 계층에 속하다는 것을 표시하려는 버릇이 있다. 이들이 뱀가죽 신발을 신고 표범 문양의 옷을 입는 이유는 단지 그것이 값비싸고 보기 드물기 때문만이 아니라, 잠재적 공포심을 유발할 수 있기 때문이기도 하다. 살쾡이는 2백만 년 전부터 인간들을 사냥했다. 그래서 그들의 가죽 색깔은 어쩔 수 없이 우리 인간의 미적 감각에 영향을 미칠 수밖에 없다. 그래서 가령 짐바브웨의 가공할 만한 전직 독재자 모부투 세세 세코(Mobutu Sese Seko)는 표범 문양의 옷을 즐겨 입었다.

유명해야 인정받는 시장

오늘날 인간 사이의 의사소통은 예전보다 훨씬 시각화되었다. 보이는 것이 듣는 것보다 더 중요해진 것이다. 시선을 받고 싶다는 욕망은 서양문화의 특징들 가운데 하나이다. 왜냐하면 공개적으로 보이는 것이 성공의 척도가 되었기 때문이다. 하지만 시각의 우위는 지성을 흐리게 만들어 우리가 쉽게 조작당할 수 있게 한다.

미국인들은 유명한 사람들을 '명사'(celebrity)라는 표현으로 부르지만 유럽 사람들은 '텔레비전에서 보아 아는 사람'이라는 매우 건조한 단어를 사용한다. 미국에서는 유명인사에게 점수를 매기기도 한다. 〈포브스〉(Forbes) 지는 0부터 10까지 등급을 매겨 유명인 1400명의 랭킹 리스트를 만들었다. 이 리스트에는 거의 배우나 가수들만 올라있다.

TV의 유명인사는 종종 일반인들보다 모든 관점에서 탁월한, 다재다능하고 특별한 사람으로 여겨진다. 할리우드 배우들은 힘들이지 않고 쉽게 자기 배역에 필요한 능력을 습득하고 그들을 가르치는 사람을 놀라게 할 정도의 수준까지 도달한다. 영화 대본작가 조 에스터하스는 많은 배우들이 자기가 맡은 역할만 하는 것으로 만족하지 않는다고 말한다. 이들과 충돌하면 지는 쪽은 보통 대본작가다. 가령 영화 F.I.S.T (한국 제목은 〈투쟁의 날들〉, 독일 제목은 〈사나이는 자기 길을 간다〉)에는 두 명의 대본작가가 있었는데, 이 중에 대본을 쓴 사람은 사실상 한 명이었다. 그런데 이 영화가 실패하자 실베스터 스탤론은 깨끗이 손을 씻고 대본은 에스터하스 한 사람이 썼다고 말했다.

잘생긴 유명인사가 카메라 앞에서 다른 사람이 쓴 글을 유창하게 읽게 되면, 그는 모든 주제를 다 아는 전문가 대접을 받기도 한다. 매년 봄이면 가판신문에는 쇼걸들이 정원가위를 든 사진이 게재된다. 쇼걸들의 일상에 정원가위는 아랍 인들의 스노우타이어와 같을 것임에도 말이다. 오늘날 대중매체를 지배하는 문화는 평범한 것은 부정적이거나 웃기는 것이라는 관념을 만들어낸다. 자연다큐라면 당연히 자연이 주인공이어야 할 것인데, 이런 방송에서조차도 저명인사를 게스트로 찾는다. 여러 방송에 아무 이유 없이 저명인사가 출연하는 것은 모든 방송 프로그램은 그 자체로 충분하지 않으며 유명인사가 반드시 등장해야 한다는 것을 말해준다. 2009년 어떤 지역 신문이 사본린나에서 열린 오페라 축제의 개회를 보도하면서 (마치 이 축제에서 가장 중요한 사안인 것처럼) 올해는 유명인사가 한 명도 오지 않았다고 말한 것은 하나도 놀랄 일이 아니다.

이상하지만 텔레비전에 출연한 유명인사를 높이 평가하는 것이 유행이다. 핀란드 외교연구원의 명망 높은 연구원인 카를리 파스테르나크가 2009년 EU 선거에 입후보했을 때, 그는 자기 경력이나 이룬 업적을 내세운 게 아니라 자신이 텔레비전에서 유명해졌다는 것을 집중적으로 홍보했다. 저명함에 대한 숭배는 진짜 전문지식이 거의 핸디캡으로 간주될 정도로 심화되어 있다. 데이비드 애튼버러도 이런 경험을 해야 했다.

세계에서 가장 좋은 자연다큐들은 브리스톨에 위치한 BBC스튜디오에서 제작되는데, 이것은 전적으로 이 분야에서 가장 유명한 전문가 데이비드 애튼버러의 공이다. 그는 다큐멘터리의 연출기법을 혁신했고, 새로운 포맷을 창조했으며, 50분 이상 길이의 10부작 다큐 시리즈를 전 세계적으로 유명하게 만들었다. 그런데 단지 미국에서만 성공하지 못했다. 국제적으로 권위 있는 상을 받은 바 있는 다큐멘터리 시리즈 〈지구에서의 삶〉(Life on Earth)이 미국에 진출하게 되었을 때 뜻밖에도 그와 그의 영어가 큰 문제가 되었다. 사람들은 애튼버러에게 그의 영국식 영어가 미국 시청자들에게는 너무 어려워 그의 출연 부분을 미국식 영어로 더빙해야 할 것 같다고 말했다. 하지만 그것으로 끝이 아니었다. 그가 고릴라의 무릎에 앉아 있는 유명한 장면을 포함해서 애튼버러가 나오는 장면이 편집되어야 할 것 같고, 그를 대신하여 영화배우 로버트 레드포드가 나왔으면 한다는 것이었다. 애튼버러는 자신의 비망록에 미국인들은 이런 제안으로 자신이 모욕감을 느끼지 않기를 바랐다고 위트 있게 썼다. 당연히 그는 모욕감을 느꼈다. 결국 이 시리즈는 공영방송인 PBS에서만 방송되었다.

애튼버러는 미국 민영방송에 그리 매력적인 인물이 아니었다. 그의 외모는 평범했다. 과학자인 칼레 하타넨은 미디어에서 평범한 사람들은 늘 바보 멍청이, 시골처녀, 기괴한 인물로 나온다고 비꼬듯이 논평했다. 하타넨에 따르면, 자연 다큐에 나오는 동물들처럼 평범한 사람들은 미디어에서 슈퍼마켓이나 기타 다른 곳처럼 생활공간의 변방에서만 모습을 드러내지, 대도시의 중심부나 중요한 능력을 요구하는 자리에 나타나지 않는다. 리얼리티 프로그램의 포맷은 이런 광경을 좀 더 쉽게 보게 한다. 하타넨에 따르면, 동물원의 동물 대신에 우리는 여성의 관심을 받기 위해 애쓰는 술 취한 바보들을 볼 수 있다. 평범한 사람이라는 개념 그 자체가 오만함을 드러내는 표시이기도 하다. 평범한 시민들에게 EU 헌법에 대한 입장을 물어야 할 때 모든 기자들이 찾는 인터뷰 대상은 바람막이 옷을 입은 노르딕 워커(스틱을 이용해 걷는 운동인 노르딕 워킹을 하는 사람)이다. 하지만 그 노르딕 워커가 정치학 교수이거나 특이하게 옷을 입은 외무장관으로 밝혀지면 그들의 계획은 실패할 것이다. 왜냐하면 텔레비전에 나온 평범한 사람이 맡은 임무는 애걸복걸하거나 말을 더듬는 것이기 때문이다.

밀라노의 패션 거리인 몬테나폴레오네에는 루이비통부터 아르마니까지 중요한 패션 전문기업들이 들어서 있다. 사우디아라비아의 백만장자 부인들이 쇼핑백을 들고 에스프레소를 마시기 위해 '카페 코바'(Café COVA, 2백년 전통의 유명한 커피숍)로 들어간다. 웨이터는 '보스'(Boss, 신사복 브랜드)를 입고 있고 나는 반바지를 입고 있다. 내가 가장 별 볼일 없는 옷을 입고 있는 것이다. 카페에 등장한 내 모습은 약간 과체중에 얼굴은 햇볕에 붉게 탔고 코는 자두처럼 붉은색이다. 옷을 잘 입는 밀라노 사람들에게 나는 알프스 북쪽에서 내려온 전형적인 야만인이다.

외모에 대해 극단적인 찬사를 보내는 곳은 이탈리아의 텔레비전이다. 망사 스타킹을 신은 가슴 큰 금발 미인이 인터뷰를 하고 프로그램을 진행하며 퀴즈 문제를 던지고 일기예보를 한다. 민영방송이나 공영방송이 모두 똑같다. 코미디언이 아니라면 평범한 외모의 출연자는 카메라 앞에서 찾아보기 힘들다.

실비오 베를루스코니 수상의 부인 베로니카 라리로 베를루스코니는 2009년 5월 19년 간의 결혼 생활을 접고 이혼했다. 그 이유는 텔레비전에 나오는 여성에 대한 남편의 집착이 거의 변태에 가까웠기 때문이다. 남편의 미디어 제국에서 만든 방송에 출연한 미인들이 입은 야한 옷이나, 이탈리아의 대표적인 성차별주의자인 남편의 도를 넘은 발언 등이 문제였다. 2007년 이미 베를루스코니는 우익 성향의 '전진 이탈리아당' 출신의 국회의원이자 전직 탤런트인 마라 카르파냐를 칭찬하며, 자신이 결혼하지 않았더라면 당장 그녀를 아내로 맞이했을 것이라고 말했다. 유럽의회 선거가 있기 전에 베를루스코니는 자신의 자유민중당 후보로 여성들을 물색했는데, 이로 인해 그의 부인은 확실하게 그를 의심하게 되었다. 그녀는 선거에 이기기 위해 미인대회 우승자나 탤런트, 여배우를 내세우는 것은 뻔뻔스럽고 정신 나간 짓이라고 생각했다.

이탈리아에 살고 있는 작가 토비아 존스는 『이탈리아―남부의 어두운 심장』에서 이탈리아에서는 얼굴이 예쁘거나 잘생긴 사람만 출세한다고 예리하게 비판하고 있다. 이탈리아에서는 텔레비전 방송에 비키니를 입고 출연하는 여성들을 '레 베리네'(le veline) 라고 부른다. 이들은 프로그램에 없어서는 안 될 주요 구성요소다. 왜냐하면 그들은 모든 쇼의 초반에 30초 동안 춤을 추기 때문이다.

비키니를 입은 여인은 항상 두 명인데, 한 명은 갈색머리이고 다른 한 명은 금발이다. 해가 갈수록 여기에 지원하는 여성의 수가 늘어나고 있는데, 여기에 선발되면 보통 다른 텔레비전 방송 출연이 보장되기 때문이다. 이들 중 많은 여성들이 텔레비전 출연 외에 다른 일도 하는데, 가령 국회의원이 되거나 유명한 축구선수와 결혼하기도 한다.

〈꼬리에레 델라 세라〉(Corriere della Sera)라는 잡지의 칼럼리스트 베페 세베르니니는 이탈리아 사람들은 자기 존재방식을 규정할 정도로 아름다움에 너무 많은 의미를 부여한다고 말한다. 가장 중요한 것은 '라 벨레 피규라'(la belle Figura), 즉 겉으로 보이는 외모이지 실제 모습이 아니다. 그래서 이탈리아 사람들은 표지를 보고 책을 판단하고, 웃는 것을 보고 정치인을 판단하며, 디자인을 보고 램프를 판단하고, 직함을 보고 사람을 판단한다.

외모가 특출나면 사회적으로 좋은 지위에 오르기 쉽다. 권력과 특권은 당연히 힘으로도 얻는다. 특히 중세 봉건사회나 인도에서는 전사들이 하나의 계급을 이루었는데, 이들이 나중에 귀족 계급으로 발전했다.

더 힘센 자들의 권리

2008년 10월 리비아는 스위스 은행에 있는 계좌를 해지하기로 결정했다. 금액으로 7백만 달러였다. 동시에 리비아는 스위스로의 석유 수출을 중지했다. 2010년 2월 무아마르 가다피는 이슬람 형제국들에게 스위스 국적의 배나 항공기의 출입을 막고 스위스 제품의 불매운동을 펼칠 것 그리고 스위스를 상대로 지하드 즉, 성전에 나설 것을 요구했다.

리비아가 이렇게 나온 계기가 된 것은 가다피의 아들 한니발 가다피의 처리 때문이다. 2008년 6월 한니발 가다피와 그의 부인이 하인

학대 혐의로 스위스에서 체포되었다. 리비아 인들은 이 학대 때문에 분노한 것이 아니라 학대자들이 체포당했다는 사실에 분노했다. 그들은 스위스에 사과를 요구했다. 이런 반응은 많은 나라의 엘리트 지배층들이 특권을 누리고 있다는 사실을 보여준다.

한니발 가다피는 이 악행으로 인해 그와 같은 이름의 카르타고 장군과는 다른 명성을 얻었다. 2001년 그는 힐튼 호텔에서 그의 경호를 담당하던 경찰관을 공격하면서 물병을 던지고 소화기를 발사한 적이 있었다. 세 명의 경찰이 병원에 입원했지만, 외교관 신분의 한니발 가다피는 면책특권이 있었기 때문에 전혀 처벌받지 않았다. 3년 후 그는 파리의 샹젤리제 거리에서 빨간불에 시속 140킬로미터 속도로 차를 몰았다. 그의 차를 잡았던 교통경찰은 가다피의 경호원 6명의 공격을 받아 다쳤다.

한니발 가다피는 동반한 여인이 그의 접근 시도를 거절하자 그녀를 폭행해 다시 체포 되었다. 그는 이 여인이 묵은 호텔 방 문을 깨부수고 호텔 보안요원들을 반자동 권총으로 위협했다. 프랑스는 리비아 정부에 공식적으로 항의했다.

인류 역사에서 한니발 가다피처럼 권력에 눈이 멀어 거들먹거리는 사람은 늘 있었다. 하지만 원시 공동체에서는 특권층이나 귀족 그리고 부자도 없었다. 그 당시에는 아마 건강하거나 힘이 센 사람이 지배했지, VIP클럽 같은 것은 있지도 않았을 것이다. 오늘날처럼 이런 문제아 자식들 때문에 시간 낭비를 할 필요도 없었을 것이다. 사냥할 때를 제외하고는 무기도 거의 없었다. 주인 없는 땅이 충분히 있는 한 싸울 필요도 없었다. 긴장이 너무 커지게 되면 사람들은 언제든지 새로운 공동체를 만들어 다른 곳으로 이동하면 그만이었다.

요한 고드스블룸은 『불의 발견』에서 농경사회에 접어들면서 비로소 사회계급이 형성되었다고 주장한다. 공동체들 사이 혹은 공동체 내부에서 문화적 차이가 커져 갔다. 서서히 몇몇 사람들이 권력이나 재산 그리고 높은 지위를 더 많이 차지하게 되었다. 인구가 증가하자 공동체는 다층화되었고, 새로운 과업은 일을 나누어 하게 하는 노동 분업 체제를 만들었으며, 이로 인해 군인, 농부, 상인 그리고 사제로 이루어진 직업적 계급이 생겼다.

카스트 제도는 이런 분화 발전의 좋은 사례이다. 이 제도는 공식적으로 존재하지 않는 인도, 네팔의 오점이다. 하지만 특히 최상위 카스트에 속한 사람들은 자신의 탁월성을 찬양하는 것을 좋아한다. 나는 마초적인 여행 안내인이 뉴델리에서 우리 여행팀을 얼마나 곤혹스럽게 만들었는지를 잘 기억하고 있다. 그는 중매결혼이나 계급제도가 얼마나 합리적인지 떠들었다.

카스트 제도는 아리안 인과 비 아리안 인을 분리하는 과정에서 생겼다. 인도유럽계의 전사 민족인 아리안 인들은 BC 1500년경 북인도를 정복하고 검은 피부의 드라비다 인(인도의 원주민)들을 남쪽으로 몰아냈다. 아리아 인들은 이 지역에 살던 주민들을 존중하지 않고,

영국인들이 오스트레일리아 원주민들을 다루었던 것과 똑같이 이들을 대했다. 이들이 자기 권력을 공고히 하기 위해 만든 것이 카스트 제도였다.

아타르바베다(Atharvaveda, 고대 인도의 성전)는 BC 16세기부터 11세기까지 쓰였던 베다(Veda)가운데 하나다. 아타르바베다에는 기도나 마법의 주문만 들어 있는 것이 아니라 사회계급에 관한 내용도 있다. 힌두교는 대부분의 인간은 푸루샤(Purusha)라는 인간 시조의 몸에서 만들어졌다고 가르친다. 인간이 사지로 이루어진 것과 마찬가지로 인간은 네 개의 주요 카스트로 구성되는데, 이것이 사회적 신분을 규정한다.

최고의 카스트는 사제 카스트인 브라만(Brahman) 계급이다. 크샤트리아(Kshatriya) 계급은 전사다. 바이샤(Vaistya)는 수공업을 행했고, 수드라(Shudra)는 육체노동을 했다. 남인도의 드라비다 인, 그들과 결혼한 아리안들이 수드라 계급에 속했다. 이 수드라 계급 가운데 달리트(Dalit) 계급은 불가촉천민으로 모두 불결한 일, 즉 화장실 청소를 담당했다.

아타르바베다는 브라만의 지위를 강화시켜 주었다. 이들은 신들에게 직접 접근하기 때문에 이 계급에게 도발하는 것은 대단히 위험하다. 왕조차도 이 계급에 반항하면 안 되었다. 만약 그렇게 한다면, 그에게는 저주와 지옥의 고통이 있을 것이라고 위협했다. 브라만과 비브라만 계급 간 언쟁이 일어나면 언제나 브라만 계급이 옳았다. 심지어 브라만 계급은, 소마(Soma) 신이 결혼을 하건 하지 않건 간에 모든 여자와 잘 수 있는 권리를 자신에게 부여했다고도 주장했다. 아타르바베다는 브라만이 여자와 손을 잡으면 그는 그녀의 남편이 된다고 선언하기까지 한다.

카스트 제도는 제의적 고결함에 기초하고 있다. 어떤 직업은 불결하고 어떤 직업은 고귀하다. 가령 의사들의 사회적 지위가 낮은 이유는 그들이 모든 카스트에 속한 사람들이나 불결한 신체분비물과 접촉하기 때문이다.

베다의 시대에는 범죄를 저질러도 누군가가 그 행위를 고소할 때만 범죄로 간주되었다. 오직 브라만 계급을 살해했을 때만 사형에 처해졌다. 벌금도 카스트에 따라 차별화되었다. 크샤트리아 계급을 살해했을 경우에는 벌금으로 소 천 만리를 내야 했지만 바이샤 계급은 백 마리, 그리고 수드라 계급이나 여자의 경우는 소 열 마리면 되었다.

군인들이 권력을 쥐고 있는 사회에서는 힘 센 사람이 법이고 가장 힘이 센 사람은 늘 신의 보호를 받는다. 고대 아시리아가 이에 대한 가장 좋은 사례이다.

아시리아의 전쟁 서사시를 보면 아시리아 인들이 이웃 나라에서 얼마나 잔혹 행위나 파괴 행위를 일삼았는지 자세히 나온다. 신들조차 그들의 피비린내 나는 공격에 한몫한다. 아시리아 인들이 전쟁이나 전투를 신에 대한 봉사라고 여긴 것은 하나도 이상하지 않다. 적대적 민족들이 아시리아의 세계 질서에 대항하고 있기에 전쟁의 책임은 당연히 그들에게 있다고 여겼기 때문이다. 적은 전쟁으로 발생한 모든 피해에 대해 책임을 졌다. 전쟁은 신이 내린 벌이며 아시리아 인이 이 벌을 대신 내린 것이었다. 아시리아의 왕들은 거의 모두 신의 의지라는 이 빈틈없는 논리를 철두철미하게 견지했다. 아시리아의 세계 지배는 그리 오래 지속되지는 못했지만 우상을 숭배하는 사람들과는 전쟁을 해야 한다는 신학적 명분은 언제 어디서나 비슷한 형태로 찾아볼 수 있다.

권력자들은 자신이 곧 신의 의지를 뜻하며, 제사를 통해 비를 오게 하고 풍년이 들게 함으로써 사람들에게 봉사하고 있다고 주장한다. 그래서 전사들이 최고 높은 신분에 오른 사회에서는 사원을 짓는 데 많은 시간을 들인다. 사원은 그 사회의 공식적인 종교 중심지이자 권력의 상징으로 기능한다. 한 공동체의 공식적인 종교는 공개적으로 폭력을 행사하지 않고서도 사람들을 함께 살 수 있도록 만드는 데 도움이 된다. 종교는 친척관계가 아니라도 사람들을 하나로 묶을 수 있다. 신앙은 사람들로 하여금 자기 삶을 다른 사람들을 위해 자발적으로 희생하게 만드는데, 가령 이웃 나라를 정복하기 위해 전 국민이 나서게 할 수도 있다.

권력 행사의 역사를 연구한 제프 멀건은 전쟁을 국가 간의 교류에 있어서 일반적인 형태라고 설명한다. 지배계급의 도덕 개념은 규범이 되고 살인과 약탈 같은 의문스러운 행위, 즉 전쟁을 합법적으로 만든다. 전쟁은 경제 성장을 할 다른 방법이 없을 경우에 일으키는 것이다.

그래서 가령 중세 스페인에서는 전쟁은 무역보다 더 빨리 그리고 더 정직하게 부자가 되는 방법이라고 생각했다.

전쟁에 대한 선동은 전 국민의 증오심을 불러일으키지만 대부분 소수의 엘리트 집단에 의해 만들어진다. 멀건에 따르면, 전쟁이 일어나는 이유는 이들 엘리트 계급이 재산을 불리기를 원하기 때문이다. 전쟁에서 승리하기 위해 엘리트 계급은 가령 가족애나 조국애처럼 사랑에 기반한 증오심을 유발한다.

자부심에서 오만으로

유럽의 기사계급은 칼 대제 때 생겼다. 가사계급의 탄생은 등자처럼 간단한 발명품 덕분이다. 등자처럼 큰 돈 들이지 않고 쉽게 전투 방식을 완전히 변화시킨 발명품은 아마 없을 것이다. 기사가 말에서 떨어지지 않기 위해 무릎으로 말의 옆구리를 꽉 조이면서 팔의 온 힘을 다해 창을 던질 수 있었다. 말안장뿐 아니라 등자를 이용해서도 말을 멈추면 기사는 자기 힘과 말의 힘을 하나로 합칠 수 있었다. 또한 기사는 더 이상 쉽게 말안장에서 떨어지지 않게 되었다. 이렇게 해서 기사가 공격을 할 수 있는 토대가 마련되었다.

이러한 기사계급이 자부심이 강하고 이기주의적인 엘리트가 되었다. 이 전사들은 상대에게 무기를 겨누거나 자신들이 강제로 예속시킨 농민들에게 무기를 겨누었다. 성주나 그의 신하들은 말을 타고 나와 분노하면서 백성들에게 세금을 내라고 강요했다. 성주는 재산을 몰수하거나 사형 판결을 내릴 수 있는 권리를 가진 경찰 수장이 되었다. 봉건주의가 자리잡으면서 군인 귀족이 탄생했다.

기독교 황제 국가는 모순적인 상황에 놓였다. 기독교 신앙은 원칙적으로 평화를 설교했지만 실제로는 전쟁을 벌였다. 따라서 이 잔혹한 행위를 성스럽게 둔갑시키기 위해서는 전사들을 위한 기독교 규약이 있어야 했다. 이렇게 해서 세세하게 규정된 제의나 화려한 문장으로 두드러지게 과시하는 말 탄 전사들의 오만한 집단문화가 탄생했다. 이들의 문화는 남성성을 광적으로 풀어낼 뿐 정신적 가치들은 무시해 버렸다.

교황 이노센트 3세가 피레네 산맥에서 활동했던 기독교 영지주의 카타리파(Katharer)를 상대로 잔학한 성전을 벌일 것을 선동했을 때 기사들의 평판은 나빠졌다. 근동지방(오리엔트 지방)으로 떠난 교황의 십자군 원정조차도 기사의 이미지를 개선하지 못했다. 특히 기사들은 전리품을 이용해 부를 축적하기까지 했다. 일차 십자군 원정 때에는 7만 명 이상의 예루살렘 주민들이 사망했다.

1338년 영국과 프랑스 사이에서 백년전쟁이 터졌을 때, 기사들은 용병들에 의해 서서히 축출당했다. 화약이라는 새로운 발명품으로 인해 기사들의 무기는 고물이 되었다. 전투 방식이 변한 것이다. 1346년 크레시(Crécy) 전투에서 영국군 궁수들은 긴 활을 사용했다. 이들은 매복지에 숨어 있다 나와서 활을 쏘고서는 유격대처럼 재빨리 도망갔다. 이 때문에 프랑스 군은 미친 듯이 화를 냈다. 프랑스 군 기사들은 일반 궁수를 상대로 한 전투에서 부상당했다는 것을 수치스러워했다. 고귀한 신분 출신의 기사들이 자존심에 큰 상처를 입은 것이다.

오만한 기사들이 궁극적으로 명성을 잃게 된 것은 스위스에서였다. 합스부르크 왕가는 농부들이 비교적 독립적인 삶을 영위했던 스위스 마을 공동체에 대한 지배권을 확고히 하려 했다. 1386년 11월 15일 합스부르크 왕가의 기사들이 젬파흐(Sempach) 마을을 포위하고 농부들의 눈앞에서 교수형용 올가미 밧줄을 흔들며 그들의 지도자를 곧 교수대에 매달 것이라고 큰소리쳤다.

오스트리아 공작 레오폴드 3세 치하에서 합스부르크 왕가의 기사들은 우리, 슈비츠, 그리고 운터발덴 주 출신의 농민군들과 대치했다. 농민군 손에는 도끼칼뿐이었다. 창 날이 날카롭고 길이가 2미터쯤 되는 이 도끼칼에는 갈고리가 달려 있었는데, 이 갈고리는 말 안장에 앉은 기사들을 끌어 잡아당기는 데 안성마춤이었다. 다른 쪽에는 도끼가 있어 기사들의 갑옷을 박살낼 수 있었다. 스위스에서 벌어진 이 전투에서 분명히 드러난 사실은 옛날의 영광에 집착했던 기사계급이 더 이상 세계의 지배자가 아니라는 점이었다. 뻔뻔스럽고 잔혹했으며 비인간적인 기사계급은 천벌을 받은 것이다.

비록 기사들이 힘을 잃었다 할지라도 그들은 귀족이 될 수 있었다. 군인귀족이 베르사유 궁정으로 들어갈 때 옷차림은 화려하기 그지없었다. 18세기 베르사유 궁정은 유럽에서 가장 부패한 곳이었다. 화장분과 가발로 화려하게 치장한 귀족들은 대부분의 시간을 허영기 있게 우쭐대거나 음모를 꾸미며 보냈다. 귀족은 농민을 동물이나 미천한 존재로 취급했다. 귀족들은 세금도 내지 않았고 왕의 변덕스러운 기분만 맞추어 주면 되었다. 칼 대제 시절의 기사에서 탄생한 이 귀족이 이제 정신적으로나 경제적으로 크게 부담스러운 존재로 변질된 것이다.

역사학자 에곤 프리델에 따르면, 시골의 모든 농가나 눈에 띄는 중요한 자리 심지어 유부녀까지 귀족의 재산이었다. 자신이 마음에 두고 있었던 여배우 샹티이가 작가인 파바르와 결혼하자 작센의 선제후 모리츠 폰 작센은 제후의 명령권을 이용하여 이 여배우를 공식적으로 자기 애첩으로 삼아 버린다.

300년 전에는 이 제후나 다른 귀족들의 오만한 행위는 뉴스거리도 되지 못했다. 하지만 프랑스에서 일어난 지배계급의 독재에 대한 저항 운동은 인류의 미래나 도덕에 결정적인 영향을 미쳤다.

프랑수아 마리 아루에는 프랑스의 대 귀족 가문의 자손인 기-아우구스트 드 로앙 샤보와 언쟁을 벌일 적이 있었다. 드 로앙이 아루에의 예명을 조롱했기 때문이다. 아루에는 자기 예명이 고상하지 않다는 것을 인정했지만 그래도 자신은 이 이름을 귀하게 여긴다고 말했다. 그는 오로지 자기 노력으로 얻게 된 이 이름의 가치를 잘 알고 있다고 덧붙이기도 했다.

아루에가 드 로앙의 집에서 만찬을 들기 위해 공작의 집을 방문하던 도중 집 앞에서 두 명의 괴한 습격을 받았다. 그는 드 로앙에게 도움을 요청했지만 공작은 태연하게 마차에 앉아 구경하기만 했다. 아루에는 이 귀족에게 결투를 신청함으로써 실추된 명예를 회복하려 했다. 하지만 결투일 아침 드 로앙은 모습을 나타내지 않았다. 그 대신 관리들이 나타났다. 그들은 아루에에게 감옥에 가든지 아니면 외국으로 망명하든지 둘 중 하나를 선택하도록 강요했다. 아루에는 망명을 택했다. 1726년 3월 그는 영국으로 떠났고, 그곳이 프랑스보다 종교적 관용이나 정치적 자유가 더 많다는 것을 확인했다. 볼테르(Voltaire)라는 이름으로 더 잘 알려진 아루에의 지적 관심은 이 사건이 터지지 않았더라면 아마 달라졌을 것이다. 광신과 무관용에 대한 그의 투쟁은 몽둥이 세례를 받은 이 에피소드에서 시작되었다.

1762년 계몽철학자 루소의 『사회계약론』은 '인간은 자유롭게 태어났지만 여러 곳에서 쇠사슬에 묶여 있다'는 말로 시작한다. 루소나 볼테르 그리고 다른 계몽철학자들은 프랑스 혁명과 미국독립전쟁을 위한 도덕적 토대를 만들었다. 이들이 쓴 글 덕분에 왕이나 귀족들이 품고 있었던 생각, 즉 자신들은 신에 의해 선택된 존재라는 생각에 의문이 달리기 시작했다. 대부분의 나라에서 귀족은 계몽주의 이념에 의해 그 전까지 누렸던 특권을 잃게 되고, 사회는 민주화되었다.

사라지지 않는 당연한 차별들

산업화나 노동력의 재조직 그리고 인구의 증가로 인해 계급 간 권력의 차이는 줄어들었다. 벨베르트 판 브레(Wilbert van Vree)는 협상의 역사에 대한 연구에서 협상이 일상화되면 안전이 보장되고 생활수준이 높아진다고 말한다. 직장생활을 하다보면 협상에 나서야 할 때도 있다. 협상은 개인의 경력을 위해 반드시 필요한 것이다. 회의에서는 적절하게 자기 의견을 표명해야 하고 자제하며 예의를 지켜야 한다. 제레미 벤담과 에띠엔느 뒤몽이 쓴 1816년 국회의원 행위규범에는 그 당시에 드러났던 여러 문제들―공격성, 적대적인 태도, 욕심, 충동성―이 반영되었다. 회의장이 난장판이 되는 것을 피하기 위해 의사진행 규정이나 의장이 필요했다. 벤담과 뒤몽은 상대가 한 말만 공격하고 인신공격은 하지 말라고 호소했다. "적대적인 의도를 가지고 상대를 비난하지 맙시다. 그렇지 않으면 아무도 당신의 말에 귀를 기울이지 않을 것입니다. 논쟁은 당파성, 경멸, 인신공격에 묻혀 버릴 것입니다."

노예제나 압제는 수백 년 동안 너무 당연한 것으로 간주되었다. 그렇지 않다면 전쟁에 진 나라의 군인들을 어디에 쓸 것인가? 누군가는 사람들이 하고 싶어 하지 않는 일을 해야만 한다. 초기 교황들 가운데 몇몇은 노예를 부렸고 18세기에는 영국의 노예장사꾼이 시장이 되거나 국회의원이 되기도 했다. 심지어 철학자 존 로크도 왕립 아프리카 회사(Royal African Company)의 주주였는데, 이 회사는 노예무역을 했다. 존 로크가 쓴 글이 무엇인가? 자유와 평등이었다. 그는 그 누구도 다른 사람의 생명, 자유, 재산을 빼앗거나 침해할 권리가 없다고 주장했다. 영국 의회는 1807년에야 비로소 노예제를 종식시켰다.

여성의 권리 역시 점차적으로 개선되었다. 19세기 말 뉴질랜드가 세계 최초로 여성에게 선거권을 부여했다. 반면에 미국 흑인들은 1965년에 비로소 보통 선거권을 얻게 되었다.

1960년대 이전 미국이나 남아프리카 공화국에서 아파르트헤이트(Apartheid)라는 인종차별정책이 이루어지는 동안 흑인과 백인을 차별하고 선거권과 주거의 자유를 제한하는 엄격한 법률이 제정되었다. 남아프리카 공화국의 인종차별정책은 너무 심해서 세계 최초로 심장이식 수술에 성공한 외과의사 크리스티안 바나드가 그의 수술 팀에 있었던 재능 있는 흑인의사 해밀턴 나키를 공식적인 단체사진에서 빼야 했다. 이런 사실은 이 수술이 있은 지 26년이 지난 후인 2003년에야 비로소 밝혀졌다. 인종차별정책이 없었더라면 해밀턴 나키는 유명한 외과의사가 될 수 있었을 것이라고 바나드도 나중에 인정했다.

서양 국가들은 그들이 이룩한 민주주의를 자랑스럽게 뽐낸다. 하지만 미국의 사회학자 찰스 라이트 밀스(C. Wright Mils)는 1956년 미국의 권력 엘리트를 연구한 유명한 글에서 민주주의는 단지 축하 연설에서 들을 수 있는 빈말에 불과하다고 단언했다. 그에 따르면, 고급 장교와

기업가 그리고 정치인들이 밀접한 인맥을 이루고 있어 일반인들은 이들의 조작 행위에 속수무책으로 당할 수밖에 없다. 권력자들은 대부분 동부 연안 도시 출신의 학벌 좋은 전문직 부모를 둔 사람들이다. 이들은 프로테스탄트나 장로교 아니면 성공회 교회 신도이다. 모두가 아이비리그(IVY league, 미국 북동부의 8개 명문 사립대학의 총칭)에 속한 대학을 나왔다. 이들은 학생회 지도부를 선출하는 투표에서 서로를 뽑아 준다. 여름과 겨울에 그들은 동일한 휴가지에서 서로 만난다. 어떤 성(姓)은 다른 사람에 비해 특출한 능력이 없음에도 지도부에 쉽게 들어간다. 밀스는 민주주의에 대해서 미국인들이 가지고 있는 생각과 현실이 얼마나 모순되는지, 그들의 민주주의가 얼마나 비관적인지를 보여주었다. 혁명, 자유, 평등, 박애의 대륙인 유럽에서도 이런 현상들을 찾아볼 수 있다. 유럽공동체 회의에서 노련한 프랑스 공무원을 만나면 그는 국립행정대학원(École nationale d'administration)이라는 이름의 기관에서 양성되었을 확률이 높다. 이 기관은 2차대전 후에 창설되었다. 이 기관은 원래 고위 공무원을 공정하게 선발하기 위해 만들어졌지만, 새로운 귀족계급을 만들어 내고 있다는 비판을 받고 있다.

그동안 국립행정대학원(ENA)은 엘리트 직업정치가나 관료들을 배출해 왔는데, 이 가운데 90퍼센트가 기업체의 주요 임원이나 행정부의 고위 관료로 진출했다. 이 학교는 EU에서 일하는 고위 관리로 진출할 수 있는 길을 터주기도 한다. 국립행정대학원은 매년 120명의 학생들을 받아 26개월 동안 사회 지도층으로 양성한다. 이 학교가 스트라스부르에 자리 잡고 있다는 것은 하나도 이상하지 않다. 많은 프랑스인들은 이 학교를 비판적으로 본다. 심지어 이 학교에 다니는 한 학생은 국립행정대학원을 졸업한 사람들은 중세 중국의 고관들과 다름없다고 단언했다. 국립행정대학원은 유럽에서 가장 폐쇄적인 집단들 가운데 하나이며, 이 학교에 비판적인 입장을 가진 사람들은 국립행정대학원은 오늘날 프랑스의 변화나 쇄신을 방해하고 있다고 말한다. 이 학교의 졸업생들은 자기 능력을 입증하지도 않은 채 정부나 정치권의 주요 요직을 독점하고 있다는 비판을 받고 있다. 발레리 지스카르 데스텡, 자크 시라크, 알랭 쥐페, 리오넬 조스팽, 도미니크 드 빌팽과 같은 프랑스 대통령이나 수상들을 위시해, 국립행정대학원이 개교한 이후 탄생한 프랑스의 장관들 가운데 거의 절반이 이 학교에서 배출되었다.

엘리트의 오만

뉴욕의 교통경찰들은 사람들은 기회가 주어지기만 하면 바로 엘리트처럼 행동하려 든다는 것을 안다. 콜롬비아와 버클리 대학 연구팀은 유엔 외교관들이 주차위반 범칙금을 제대로 내는지를 연구한 적 있다. 소속 국가가 부패국 랭킹 상위권에 있는 나라의 외교관들은 범칙금을 내지 않는다. 1997년 외교관들은 15만 장 이상의 교통위반 딱

지에 해당되는 총 1800만 달러의 범칙금을 납부하지 않았다. 가장 심한 경우는 쿠웨이트로, 매년 외교관 한 명당 246건의 교통범칙금을 납부하지 않았다. 그다음으로는 이집트(139건), 차드(124건), 그리고 수단(119건)이었다.

외교관들은 원칙적으로 근무하는 나라의 법률을 따르지 않아도 되기 때문에 많은 외교관들이 오만하게 행동하고도 아무렇지 않게 생각한다. 공무원 신분으로 하는 행위들은 신뢰성에 기반해야 한다. 하지만 아무런 통제도 없다면 납세자로서 당연히 해야 할 일조차도 지킬 필요가 없을 것이다. 그래서 가령 21세기 초에 영국의회 의원들은 의원활동비로 집수리를 한 다음 큰 이익을 남기고 팔기도 했다. 새로 구입한 집에 들어갈 가구나 잔디 깎는 기계, 개 사료까지 국민 세금으로 구입했다. 노동당 소속 한 의원은 방앤올룹슨(Bang&Olufsen)의 평면 텔레비전 값으로 8,865파운드짜리 영수증을 끊었다가 의회에서 750파운만 승인해 주기도 했다. 2009년 봄 납세자들은 내무부 장관 자키 스미스의 남편이 포르노 영화를 보고 지불한 유료 케이블 TV 영수증까지 결재해야 했다.

부패 스캔들은 요즘 너무 자주 일어나 더 이상 놀랍지도 않다. 권력은 그 자체로 부패하는가? 이 작용은 과학적으로 증명될 수 있을까? 네덜란드의 틸부르흐 대학과 미국 일리노이 대학의 요리스 라너와 애던 갈린스키는 피실험자의 도덕의식을 분석하는 실험을 했다. 이들은 61명의 대학생들에게 그들이 권력자의 지위에 있거나 하위 서열에 있을 때 행동했던 내용을 기록하도록 했다. 이 보고서를 기준으로 대학생들을 두 그룹(계급 서열이 높은 집단과 서열이 낮은 집단)으로 나누고, 그다음으로 모든 학생들을 또 한 번 두 그룹으로 나누었다. 첫 번째 그룹에는 출장비를 얼마나 정직하게 정산하는가에 따라 1점부터 9점(9점은 최고의 도덕성에 부여)까지 점수를 부여했다. 권력 서열이 높은 피실험자가 받은 도덕 점수는 5.8점인 반면, 권력 서열이 낮은 대학생들의 도덕 점수는 7.2점이었다.

두 번째 그룹의 피실험자들에게는 아무도 보지 않는 공간에서 주사위 두 개를 던지게 했다. 주사위 숫자(1점부터 10점까지)에 따라 이들은 복권을 받았는데, 그것은 이 실험에 참여한 것에 대한 보상이었다. 권력 서열이 높은 대학생들은 70점을 받았고 서열이 낮은 학생들은 59점을 받았다. 이론적 평균값은 50점이지만 권력 서열이 높은 학생들이 더 많이 속임수를 썼다.

그다음 연구자들은 대학생들에게 규정 속도를 위반한 과속이나 세금 신고를 정직하게 하는 것과 같은 도덕성에 관한 질문을 던졌다. 이에 대해 권력 집단에 속한 학생들은 또 다시 위선적인 대답을 했다. 그들의 생각에 따르면, 다른 사람들이 과속을 하는 것(6.3점)은 자신들이 과속을 하는 것(7.6점)보다 더 나쁘다. 권력집단에 속한 학생들은 세금을 허위 신고하는 것에 대한 도덕 점수를 6.6점을 부여한 반면, 자신들이 한 허위 신고에 대해서는 7.6점을 부여했다. 권력서열이 낮은 집단에 속한 학생들은 이보다 훨씬 자기 비판적이었다. 다른 사람들이 범한 부도덕한 세금 신고에 대해서는 7.7점을 부여한 반면, 자기가 범한 것에 대해서는 6.8점을 부여했다.

이 결과는 권력을 잡은 사람은 자기 행위보다 타인의 행위를 훨씬 엄격하게 판단한다는 점을 말해 준다. 권력자들은 자신에게는 모든 것이 다 허락된다고 알고 있기에 규칙을 어겨도 괜찮다고 느낀다. '이 정당하다는 느낌'이 왜 고위직에 있는 사람들이 나쁜 행위를 할까라는 문제를 이해하는 데 중요한 실마리가 된다.

'허풍 떨기', '뽐내기', '공감능력의 부족' 그리고 '자기 행위의 도덕적 명분을 생각하지 않는 것'은 종종 정신질환자의 주요 특징이 된다. 하지만 이런 사람이 통치자, 재벌가의 아들, 할리우드 스튜디오의 프리마돈나로 권력을 행사하게 되면, 그것은 특례로 간주된다. 이런 태도는 그 권력이 정당한 것이든 그렇지 않든 간에 영향력 있는 사람들의 권한에 속한다. 우리가 권력자들은 다른 사람들을 부당하게 대접해도 된다고 암묵적으로 합의해 주면 그들은 정말 좋아한다.

한니발 가다피는 자기 행동에 대해 한 번도 후회하거나 유감을 표한 적이 없다. 지도층에 속한 사람들은 어떤 짓을 해도 사죄하지 않는다는 것은 도저히 용서하기 어렵다. 우리는 이것을 그냥 넘길 수는 없을 것이다. 그래서 우리는 늘 불평등을 받아들일 수 있는 전제조건들을 만든다. 우리가 오만한 행동을 받아들이고 이해할 때라야만 그 불평등은 정당화되기 때문이다.

제프 멀건에 따르면, 권력은 어쩔 수 없이 부패하기 때문에 권력자들에게 도덕의식을 경각시키기 위해서라도 시위나 혁명은 꼭 필요하다. 2005년 프랑스의 젊은 무슬림들이 소요를 일으켰을 때 그들에게 중요한 것은 국가권력을 무너뜨리는 것이 아니었다. 하지만 그들의 행동은 그때까지 무관심했던 정부로 하여금 무슬림의 문제에 반응하게 만들었다. 폭도들은 선거를 통해 받을 수 있었던 것보다 더 많은 주목을 받았다.

선입견에 대한 기념비적 연구를 한 작가 고든 올포트는 의학의 발전은 전쟁이나 무역장벽으로 인해 발생한 빈곤 때문에 큰 효과를 보지 못한다고 말한다. 세계 곳곳에 자기 자신을 지키는 것이 그 무엇보다도 중요한 사람들이 있다. 그들은 자신을 지키기 위해 산다. 이처럼 비슷한 처지에 있는 사람들이 만나 친구가 되는 것은 그리 어렵지 않다.

올포트에 따르면, 가령 동창회에 나가는 것이 즐거운 것은 그곳에서 만난 사람들이 비슷한 문화적 기억이나 학창시절의 이야기를 공유하고 있기 때문이다.

우리는 같은 어장에서 살았다. 낯선 사람을 만났을 때 처음에 우리는 그를 어떤 범주에 넣어야 할지 모른다. 여러 범주의 도움으로 이 낯선 이를 같은 그룹에 넣을지 말지를 결정하게 된다. 인간관계에서 이런 범주는 매우 중요하다. 사람들은 보통 이 범주에 집요하게 매달리며 이 범주를 바꾸는 것을 거부한다. 사람들이 일반화되어 있는 것을 선호하는 이유는 그것이 지금까지 별 문제 없이 작동했기 때문이다.

우리가 왜 이것들을 바꾸어야 해? 지금까지 타던 자동차에 만족하는 데 왜 다른 자동차 메이커의 좋은 기능에 대해 알아야 해? 그것이 우리의 오래된 습관을 교란할지도 모르는데 말이야. 그래서 우리는 오래된 범주에 들어맞는 지식만을 받아들인다.

어떤 집단에 피부색이나 성별처럼 뚜렷하게 드러나는 특징이 없다면, 범주를 만들어내는 것도 어렵게 된다. 가령 이노센트 교황은 기독교도와 이교도를 외형상으로 구분할 수 없는 것이 싫었다. 그래서 그는 이교도는 기독교도와 다른 옷을 입어야 한다고 명령했다.

제프 멀건에 따르면 권력자가 범주를 만들기 시작하면 사회 전체가 변화하게 된다. 인종차별은 결과적으로 서로 이질적인 흑인 집단이나 문화들이 상호 간의 관계나 자신들의 권리에 대한 의식을 발전시키게 했다. 그래서 백인들은 공동의 정치적인 의제(Agenda)로 결합된 대규모 비판적인 대중과 맞서게 되었다. 인도에서도 이와 비슷한 움직임이 있었다. 그곳에서는 수천 명이 기독교나 불교로 개종했다. 불가촉천민인 달리트들이 카스트 제도에 저항하기 시작했다. 그들이 다른 종교로의 개종을 통해 이런 인종주의를 배격하려 한 것이다. 불가촉천민 출신으로 인도 헌법을 만든 빔라오 람지 암베드카르는 모든 최하위 카스트 구성원들에게 불교로 개종할 것을 권했다.

예전부터 소수집단은 좋지 않은 색깔로 묘사되었다. 아이러니한 것은 이런 불관용이 유익한 적이 한 번도 없었다는 것, 특히 경제적인 관점에서는 득이 되었던 적이 전혀 없었다는 점이다.

재능 있는 약자들의 이주

1847년 미국에서 해방된 노예들이 아프리카로 돌아와서 라이베리아(Liberia)라는 국가를 세우자 그곳에서도 금방 엘리트 계급이 형성 되었다. 해방된 노예들은 원래부터 그곳에서 살고 있었던 토착민과 거의 교류하지 않았다. 돌아온 노예와 토착민 간의 긴장은 1990년대에 이르자 유혈내전으로 발전했다.

이웃 국가인 시에라리온(Sierra Leon)에도 이와 유사한 역사가 있다. 이 나라 수도의 이름은 해방된 노예들이 1787년 그곳에 식민지를 건설했을 때 프리타운이라고 정했다. 이들 해방 노예들은, 사회의 상류층을 이루며 처음부터 이 나라에 살고 있었던 토착민들과 거리를 두었다. 인종 갈등은 이 나라의 역사에 짙게 배어 있다. 이 갈등은 1992년 세계사에서 가장 잔인한 내전에서 절정을 이루었다. 라이베리아와 시에라리온의 사례는 해방된 노예들조차도 인간은 태어나면서 평등하다는 것을 인정할 능력이 없다는 것을 보여준다.

재능 있는 사람들은 수많은 사람들에게 눈엣가시다. 그들은 끊임없이 우리의 열등감을 일깨운다. 레오나르도 다 빈치도 동시대인들에게 미움을 받았다. 갈릴레오 갈릴레이에게도 적이 많았는데, 그가 자신이 탁월하다는 것을 의식하고 있었기 때문이다. 볼테르 역시 고대 그리스부터 오늘날까지 수많은 철학자들처럼 망명해야 했다.

루이 14세는 태양왕, 가장 빛나는 통치자로 불린다. 이것은 부분적으로 그의 자신감이 철석 같았고 언제 어디서나 자신을 세계의 중심으로 여겼기 때문이다. 그의 엄청난 식욕이나 강철 같은 건강이 잔칫상 같은 식사를 매일 계속 먹게 해 주었다. 루이 14세는 옷을 잘 입었으며, 늘 품위 있는 모습으로 나타났다. 그는 예의범절을 통제체계로 발전시켰다. 그에게 촛불을 받쳐 줄 수 있는 사람은 궁전 전체에서 부러움을 샀다. 이런 최고의 행운은 루이 14세가 정해 주었다.

사실상 이 왕이 지휘한 수많은 전쟁은 프랑스의 인적, 경제적 자원들을 고갈시켰다. 루이 14세는 100년 후 프랑스 대혁명에서 절정에 달한 이 왕국과 귀족의 몰락을 가속화했다. 그의 부도덕한 행위 가운데 가장 놀라운 것은 개신교도에 대한 차별 금지를 천명한 낭트칙령을 철회한 것인데, 이로써 그는 1685년 할아버지가 주도한 관용정책을 포기한다.

〈퐁텐블로 칙령〉은 개신교도인 위그노파의 탄압과 추방을 공식화했다. 위그노파는 프랑스 전체 국민의 10퍼센트나 되었다. 위그노파 교도들의 노동 의욕은 다수파인 가톨릭 교도들을 분노하게 만들었다. 가톨릭 교도들과 달리 위그노파는 1년에 100일을 쉬지 않았다. 그래서 그들은 경제적으로 성공했다. 가톨릭 교도들은 위그노파 교도들의 가게들을 문 닫게 만들고 싶어 했다. 이런 내용의 청원서가 태양왕에게 제출되자 그는 신이 주신 사명을 완수해야겠다는 생각을 하게 되었다. 그래서 가톨릭 교도들은 위그노파를 학대하고 그들의 재산을 파괴할 권리를 얻게 되었다. 위그노파들은 가톨릭으로 개종할 경우에만 당국의 보호를 받을 수 있었다.

1685년 10월 18일 왕은 위그노파에 대한 박해를 그만둘 것을 명하는데, 이 무렵에 위그노파들은 모두 가톨릭으로 개종했기 때문이었다. 이것은 기적으로 간주되었다. 사실상 위그노파의 해외 이주가 이때 막 시작되었다. 섬유노동자, 제지업자, 그리고 프랑스가 오랫동안 독점해 오던 기술 분야에서 종사하고 있었던 위그노파 수공업자들이 숙련된 기술을 가지고 영국이나 독일로 나갔다. 독일 브란덴부르크의 선제후인 프리드리히 빌헬름은 이들 위그노파를 자기 나라로 받아들여 베를린의 산업 발전에 기여하게 만들었다. 1700년 무렵에 베를린 위그노파의 숫자는 2만 명이 넘어 도시 인구의 1/3이나 차지했다.

은행가나 사업가들은 프랑스의 자본을 유출했다. 작가나 조선기술자, 변호사, 의사들도 도망 나왔다. 많은 위그노파들은 제네바로 이주해 제네바를 수공업의 중심지로 만들었다. 4년 내에 해군 9천 명, 육군 1만2천 명 그리고 장교 6백 명이 네덜란드로 이주하여 루이 14세의 적이자 나중에 영국 왕이 되는 빌헬름 3세의 군대에 들어갔다. 투르나 리옹의 면직물 산업은 붕괴되고, 랭스나 루앙은 노동력의 절반을 잃었다.

사람들은 보통 절체절명의 위기에 몰리면 열심히 일한다. 그래서 많은 사람들이 성공했다. 유대인들은 중세 초기부터 박해받았다. 그들에게는 토지 소유가 금지되었다. 그들은 길드에 가입할 수 없었기 때문에 어쩔 수 없이 상인이 될 수밖에 없었다. 은행업 역시 유대인들의 생업활동 분야였다. 왜냐하면 기독교와는 달리 그들은 이자를 요구할 수 있었기 때문이다. 14세기에 리투아니아의 왕 카시미르 3세는 나라의 발전을 강력하게 추진하며 서유럽에서 박해받아 도망 나온 유대인들을 잘 받아들일 것을 명령했다. 15세기에 리투아니아는 발트해부터 흑해에 이르는, 면적상 유럽에서 가장 큰 국가가 되었다. 어림잡아 16만5천 명 이상의 유대인들이 스페인에서 도망 나왔는데, 이중 일부는 터키 술탄의 영토로 들어가기까지 했다. 그 결과 스페인은 무역, 행정 그리고 지리상의 발견으로 획득한 부가 유입되었을 때 필요로 할 법한 분야의 수많은 전문가들을 잃어버렸다.

17세기 말경 알사스 지방에서는 유대인에 대한 박해가 새롭게 일어났다. 유대인 숫자가 늘어나는 것을 막기 위해 유대인과의 결혼이 금지되었다. 알사스의 유대인들은 이 체계적인 박해에 가능한 생산적으로 대응했다. 그들은 대학을 다니기 시작하고 교육에 투자하며 기업을 세우기 시작했다. 마침내 그들은 이웃보다 더 똑똑하고 부유해졌다.

19세기에 새롭게 두뇌유출(Brain–Drain)이 일어났는데, 이번에 그 목적지는 미국이었다. 미국에서는 유대인이 다른 사람들과 똑같은 권리를 누린다는 소문을 들었을 때 시몬 마이어 구겐하임은 가족과 함께 엘사스를 떠나 뉴욕으로 이주했다. 그곳에서 이 가족은 섬유와 옷 그리고 향신료를 판매하는 세계적인 기업을 세웠다. 구겐하임 가문은 프로테스탄트나 미국인들을 증오하고 있었던 멕시코로 사세를 확장했다. 가난한 멕시코는 외국인을 증오했지만, 다니엘 구겐하임은 멕시코인들의 말에 귀를 기울이고 그들을 친절하게 대했기 때문에 성공할 수 있었다. 그는 미국인을 경멸적으로 부르는 호칭인 그링고(Gringo)를 받아들였고, 프로테스탄트도 아니었다. 그래서 그는 식사에 초대받기도 했고 멕시코 대통령인 디아즈의 영접을 받기도 했다. 1890년 구겐하임은 멕시코에서 광산을 개발할 수 있는 허가를 받았다. 인내심이 강한 구겐하임은 모건(J.P.Morgan)이라는 투자자를 만났다. 오늘날 구겐하임 가문은 문화 사업에 헌신해, 이 가문의 이름을 단 미술관을 전 세계에 세웠다.

구겐하임 가문은 전형적인 유대인 이민자 가문이었다. 1차 세계대전 이전에 미국으로 이민 갔던 유대인들 가운데 70퍼센트는 보석상이나 식료품 상인, 재단사, 시계 장사, 제본업에 종사했다. 오늘날 뉴욕 브로드웨이에 있는 창고들을 보면 유대인이 운영한 의류산업이 얼마나 큰 규모였는지 알 수 있다.

하지만 이런 역사에서 우리는 아무것도 배우지 못했다. 로버트 무가베가 짐바브웨의 백인 농장주들을 모두 몰아내자 곡물 추수량이 2001년 재고량의 1/3로 떨어졌다. 백인들에게 몰수한 땅의 반이 경작되지 않은 채 놀고 있었고, 여러 농장들은 농사에 대해 전혀 아는 바 없는 짐바브웨아프리카 민족동맹(ZANU) 출신 군인들이 경작했다.

인종주의는 한 나라의 생활수준을 개선하지 못한다. 이것은 오히려 한 나라의 경제를 파탄시킬 따름이다. 오히려 망명자들을 받아들인 나라들이 민족적 자만심에서 나온 이 인종주의의 혜택을 입는다. 브란덴부르크, 네덜란드, 스위스, 미국은 망명자의 유입으로 경제적으로 큰 혜택을 입은 나라들의 이상적인 사례들이다. 프랑스나 스페인은 소수민족에 대한 무관용으로 인해 자기 나라 최고의 인재들을 이들 나라에 헌납했다.

5_ 독점

독점은 어떻게 세계에서 가장
선진국인 나라에 정전이 발생하게 했는가.
거대 권력은 그 탐욕으로 인해
어떻게 쪼그라들었는가.

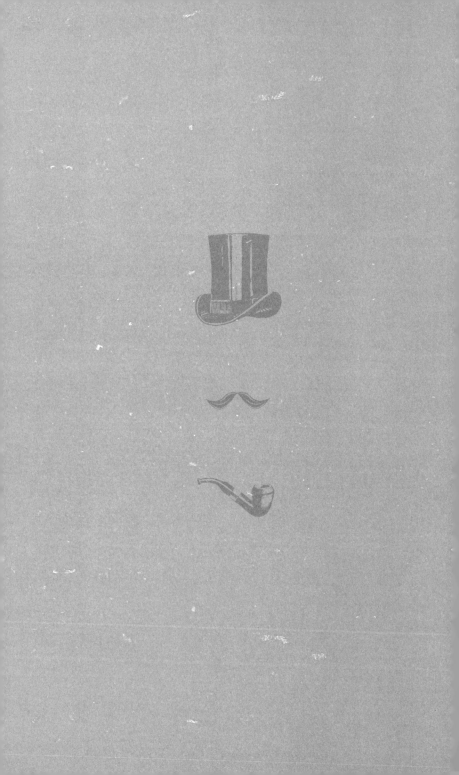

2006년 100만 명 이상의 유럽인들이 EU가 세금을 무의미하게 낭비하고 있는 것을 막아 달라는 청원서에 사인했다. 서명한 사람들은 스트라스부르 시 공무원들에게 분노한 사람들이었다.

매달 브뤼셀과 여기서 450킬로미터 떨어진 스트라스부르 시 사이에는 이주가 진행되었다. 이렇게 이주하는 사람들은 7백 명의 EU 의원들과 이보다 훨씬 많은 숫자의 비서관들이었다. 의회는 프랑스의 요청에 따라 프랑스 땅에서 회의를 열어야 한다. 2005년 스트라스부르 시가 오래전부터 EU의회에 과도하게 높은 비용의 청구서를 제출했다는 사실이 밝혀졌다. 스트라스부르 시장은 EU의회가 브뤼셀로 본부 건물을 옮기겠다고 결정할 경우를 대비해 미리 가산금을 덧붙인 것이라고 해명했다.

EU 집행위원 마르고트 발스트룀은 매달 이루어지는 이사를 엄청난 낭비라고 간주했다. 그는 일 년에 2억 유로나 이 일에 지불했기 때문이다. EU 의원 세실리아 발스트룀도 이 청원서에 서명했는데, 그녀는 이런 낭비가 정치를 희화화하고 있다고 봤다. 청원서가 제출되자마자 그 당시 프랑스 총리 드 빌팽은 EU의회 희의는 브뤼셀에서만 열도록 하자는 생각을 단호히 거부했다.

스트라스부르 시는 자기에게 유리한 기회를 탐욕적으로 이용했다. 이것은 독점적 지위로 인해 생긴 오만함의 대표적 사례다. 경쟁이 없으면 이 독점적 지위를 상속된 권리로 여겨 오용하려는 경향이 생긴다.

도덕의 독점

유럽에서 기독교가 확고하게 자리를 잡으면서 성직자라는 계급이 새로 생겼다. 이 계급의 사람들은 모두 권력자들처럼 행동했다. 자신들이 설교한 대로 행동하지 않았다. 12세기 프랑스에서 사제들은 농부들의 희생으로 부를 쌓았다. 심지어 교황 이노센트 3세는 "나르본의 대주교 베렝거가 돈 이외 다른 신은 모르며 가슴에 지갑을 차고 다닌다."는 것을 인정할 정도였다. 클루니 수도원 수도사들은 귀족처럼 살았다. 이 수도원에는 수도승보다 하인이 더 많았다. 수도원을 찾아온 손님들은 제후들처럼 접대 받았다. 수도원의 재산은 신을 모시기 위해 탕진되었고, 수도사들은 화려한 수도원을 이 땅에 세워진 하느님의 궁전이라 생각했다.

사제들은 무례하고 오만 방자했다. 이들은 정부까지 거느리고 있었다. 이것은 당연히 사람들의 불만을 샀다. 평범한 농부의 생각에 사제는 자신들보다 더 성스러워야 했기 때문이었다. 왜냐하면 그들은 인간과 신 사이를 연결해 주는 존재였기 때문이었다.

사제계급의 오만불손함은 백성들의 분노를 샀다. 유럽 곳곳에서, 특히 남부 프랑스 지방에서 오만한 사제계급에 대항해 저항하는 운동이 최초로 일어났다.

교회의 반격은 가혹했다. 위선적인 사제들을 걸러내는 대신 교회는 모든 비판을 막을 수 있는 시스템을 개발했다. 종교재판의 도움으로 교회는 정통 교의를 정하고, 이에 대한 모든 비판을 이단으로 해석했다. 그레고리우스 교황은 이미 1073년에 교회와 교황은 오류가 없으며, 교회는 절대적 재판권을 갖는다고 선언했다.

영지주의 운동(이단으로 지목된 중세 기독교의 일파)은 실패로 돌아갔지만, 남부 프랑스 인들의 영혼에 영원한 흔적을 남겼다. 이에 반해 가톨릭 교회는 영지주의자들의 비판에서 아무런 교훈도 얻지 못했다.

로마 교황들의 부패는 1470년에서 1530년까지 절정에 달했다. 끔찍한 권력 정치나 취약한 행정은 교황의 종교적 권위를 훼손했지만 교황은 이에 아랑곳하지 않았다. 바브라 터크만에 따르면, 아마 서양 역사상 가장 중요할 것 같은 이 혁명에 대한 교황의 태도로 인해 수 백 년 간 긴장과 전쟁이 계속 이어졌다.

교회의 부패와 타락은 교회가 돈을 받고 죄를 사하여 주었던 중세 후기에 절정에 달했다. 그 전에는 동냥이나 순례 여행과 같은 회개 행위를 함으로써 죄값을 치를 수 있었다. 하지만 이제 가톨릭 교회는 탁월한 사업 아이디어를 개발했다. 그것은 모든 사람들은 죄지은 자들이기 때문에 돈으로 그 죄를 씻어야 한다는 것이었다. 교회는 참회의 고행을 완화시켜 주고 연옥에서 보내는 시간을 줄여 주는 면죄부를 팔았다. 16세기에 이 면죄부 판매는 이미 사업이 되었다. 1517년 교황 레오 10세는 베드로 성당 건축 비용을 대기 위해 면죄부 구입을 권고했다.

심지어 면죄부는 복권처럼 구입할 수도 있었다. 교회가 정해 놓은 은행 가문에 자기 죄에 대한 죗값을 미리 지불할 수도 있었다. 모든 죄에는 시세가 있었다. 수간(獸姦)은 18두카텐, 교회 물건 절도는 9두카텐, 마법은 6두카텐, 부모 살해는 겨우 4두카텐. 특별히 심한 면죄부 판매상은 도미니크회 수도사 테첼이었다. 그의 광고문은 아주 교활했다. "돈이 돈통에 떨어지는 소리가 나자마자 영혼은 천국으로 승천한다." 테첼은 16세기 비텐베르크에서 이를 통해 돈벌이에 나섰다.

하지만 너무 오만한 이 광고는 역사의 대 변화를 야기했다. 테첼의 이 광고에 비텐베르크 대학 교수인 마르틴 루터는 인내심을 잃고 교회 문 앞에 그 유명한 〈95개조 반박문〉을 내걸었다. 이 반박문은 종교 개혁을 일으켜 기독교를 둘로 쪼갰다.

이베리아의 부상, 오만, 몰락

역사상 가장 오만한 조약들 가운데 하나는 토르데시야스(Tordesillas,

스페인과 포르투갈의 식민지권을 규정한 조약이 체결된 스페인 서북부의 마을)에서 작성되었다. 콜럼버스가 아메리카 대륙에 발을 디딘 후 교황 알렉산더 6세는 지금까지 발견되지 않은 모든 지역을 마음대로 차지할 수 있는 권리를 스페인에 부여하는 칙서(Inter Caetera)를 내렸다. 교황의 이 칙서를 계기로 마침내 1494년 6월 7일 스페인과 포르투갈 사이에 '토르데시야스 조약'이 체결되었다. 이 두 나라는 유럽 이외의 지역을 나누어 가졌다. 이 조약에서 남과 북을 나누는 분계선이 확정되는데, 이 경계선은 그리니치 기준 서경 47도 되는 지점이었다. 스페인은 이 분계선 서쪽 지역을 차지했고, 포르투갈은 동쪽 지역을 차지했다.

이로써 포르투갈은 아프리카나 아시아에서 새로 발견된 지역과 브라질 동쪽 지역에 대한 권리를 얻었다. 영토가 작은 나라인 포르투갈이 교황으로부터 거대한 중국을 차지할 수 있는 권리를 얻은 것이다. 하지만 중국인들은 그 당시 이런 사실을 모르고 있었다.

1516년 포르투갈 인들이 광저우에 나타났다. 물론 그들은 교황이 그들에게 수여한 중국을 사실상 소유할 능력이 없었다. 그들은 이 대륙의 땅 끝에 조그맣게 붙어 있는 곳(串)을 겨우 빌리는데, 이곳에 있던 아 마 고아(A-Ma-Goa) 사원의 이름을 따 이곳을 마카오(Macao)라 불렀다.

포르투갈 인들은 뱃사람으로서는 최고였지만 통치자로서는 최악이었다. 다른 문화에 대한 그들의 이해는 믿기지 않을 정도로 부실했고, 이민족의 문화에 대한 그들의 입장 또한 가혹했다. 포르투갈 인들이 아프리카나 아시아에서 무역을 시도했을 때 그들은 싸구려 제품만 팔았다. 그래서 그들이 가지고 온 제품들은 원주민들의 관심을 끌지도 못했다. 이 지역에 대한 그들의 지식 또한 일천했다. 인도에서 그들은 크리슈나를 그리스도로 알았고, 힌두교 사원을 교회로 알았다. 신대륙 탐험 중 바스코 다 가마는 특히 잔인했다. 그는 부하들에게 조금이라도 저항하면 약탈하거나 죽이라고 명령했다. 그는 모잠비크에서 추장 두 명을 잡아 데려오면서 모질게 채찍질을 하기도 했는데, 이 추장들은 케냐의 몸바사에서 기회를 노리다가 탈출했다. 포르투갈 인들이 잔인하다는 소문이 퍼지자 아무도 그들과 장사하려 들지 않았다. 인도 연안에서 다 가마는 계속 인질을 잡거나 자신을 찾아온 추장들에게 형편없는 무기를 팔았다. 그의 건방진 태도로 인해 남인도의 여러 도시 상인들은 다 가마의 부하들이 나타나면 침을 뱉거나 포르투갈이라는 이름에 저주를 퍼부었다.

아시아는 물론이고 아라비아 상인들도 포르투갈 인들과 장사하는 것을 피했다. 수마트라에서는 아체(Aceh) 왕국이 포르투갈의 가장 강력한 경쟁자였다. 이곳은 수많은 상인들을 끌어들였는데, 그것은 상인들이 아체왕국 사람들을 신뢰했기 때문이었다. 그래서 가령 많은 양의 후추가 포르투갈 상인들을 피해 가며 아체왕국에서 베니스로 수출되기도 했다. 16세기에는 몰루카제도(Molukken, 인도네시아 동쪽에 있는 향신료의 원산지) 원주민들은 다른 유럽인들을 환영했다고 하는데, 그 이유는 이들이 증오스러운 포르투갈 인들의 반대 세력이라고 알고 있었기 때문이었다. 나쁜 평판과 전 세계 향신료 무역을 지배하겠다는 너무 무리한 목표 때문에 포르투갈 인들은 좋은 기회를 놓쳤다.

필리핀 군도의 이름(필리핀의 어원은 '필리페의 섬Las Isla Filiífinas'이다)은 스페인 왕인 필리페 2세의 이름을 따 붙인 것이다. 아시아의 한 독립 국가의 이름이 아마 스페인에서 가장 무능한 왕의 이름에서 유래했다는 것은 역사의 아이러니다. 필리페가 왕이 되었을 때, 그는 세계에서 가장 크고 가장 부유한 나라를 물려받았다. 그 당시 스페인은 남아메리카에서 약탈한 금과 은으로 세계에서 가장 부유한 제국이 되어 있었다. 페루로 여행 간 도미니크 수도회 수도승 프란시스코 델라 크루즈는 1575년 "식민지의 총독부는 좋은 행정, 복지, 평화를 이루는 것보다 더 많은 은을 빼앗아오는 데만 혈안이었다."고 썼다. 종교재판소는 그를 체포해서 3년 동안 심문한 뒤 교회와 국가에 불편한 말을 떠벌이고 다녔다는 죄목으로 화형시켜 버렸다.

필리페 왕의 성격 가운데 특징적인 것은 자신을 알현한 사람이라면 누구나 무릎을 꿇고 용건을 말해야 한다고 요구했다는 것이다. 그는 위대한 스페인 제국을 건설하겠다는 생각에 너무 집착했다. 그래서 금과 은에서 나온 막대한 수입을 전쟁 준비를 위해 탕진했다. 스페인의 산업이나 경제 발전이라는 측면에서 보자면 필리페 왕은 아주 형편없는 군주였다. 그의 증조할아버지 페르디난드 왕은 1503년 세비야에 상품거래소(Casa de Contratación)라는 무역관을 세웠다. 이를 계기로 식민지와의 무역 거래는 모두 세비야를 거쳤으며, 이 무역관이 독점권을 쥐고 있었다. 하지만 카스틸라(Kastilien, 스페인 중북부 지방)에서는 제품을 만들 제조 시설이 없었기 때문에 식민지로 수출할 제품들은 다른 나라에서 수입해야 했다. 가격은 올랐고, 수출품을 제조한 나라들은 스페인의 희생을 통해 부자가 되었다.

금과 은은 스페인에 큰 구매력을 안겨 주었다. 하지만 부자 나라 스페인은 수요가 있는 상품을 생산하지 못했다. 모든 분야에서 양질의 노동력 부족 현상이 일어났다. 스페인의 명예를 위해서라면 식민지에 팔 상품들은 스페인에서만 생산되어야 했지만, 스페인 상인들에게는 살만한 물건이 없었다. 그래서 외국 제조사가 만든 물건을 수입해서 스페인 상표를 붙이는 수밖에 없었다. 부자라는 자부심에 넘쳤던 스페인은 농업, 항해술, 산업, 무기술, 수공업, 무역 분야에서 일어났던 눈부신 발전을 따라잡지 못했다.

외국 제조사들은 행정적이고 군사적인 부담을 전혀 지지 않고서도 스페인의 식민지에서 막대한 이익을 누렸다. 상선의 숫자가 계속 늘어나면서 스페인의 숲은 파괴되었다. 수많은 나무들이 벌채되면서 지반 침식이 일어나 농업에 큰 피해를 입히기도 했다. 국민들을 먹일 식량 조달이 점점 어려워지자 농산품을 수입해야 했다. 이로 인해 스페인 경제는 날이 갈수록 어려워졌다.

필리페 왕 재위 기간에 종교재판은 전성기를 누렸다. 인종적 순결성 유지가 그 동력원이었다. 필리페 왕은 신하들의 인종적 배경에 큰 관심을 보였다. 뿐만 아니라 검열이 일상화되었다. 왕은 가톨릭 교회의 금서목록에 올라 있는 책들을 읽는 것을 금지했다. 그래서 수많은 스페인 지식인들이 런던이나 다른 자유 도시로 망명했다. 하지만 필리페 왕은 이들이 외국에서 마음 편하게 살도록 내버려 두지 않았다. 많은 사람들이 납치되어 스페인으로 다시 끌려 왔다.

필리페 왕의 마지막 미친 꿈은 대 스페인 왕국을 멸망시켰다. 1588년 그는 영국을 공격하기로 결심했다. 스페인의 오만은 130척으로 구성된 함대를 '무적함대'라 불렀다는 점에서도 드러난다. 이 전투에서 필리페 왕은 51척의 배를 잃었지만 영국은 단 한 척의 배도 잃지 않았다. 스페인 군 전사자만 하더라도 수천 명에 이르렀다. 필리페 왕은 이후 10년을 더 통치했다. 1598년 그가 사망하자 스페인은 강대국이라는 지위도 잃어버렸다.

영국의 무역 독점과 제국의 몰락

프랑스와 전쟁을 치르는 데 너무 많은 돈을 쓰는 바람에 영국의 국가 재정은 거의 탕진되었다. 1765년 영국은 북아메리카 식민지 과세법안을 만들었다.

영국 재무장관 찰스 타운센드는 토지세를 25퍼센트 인하하기로 결정하는데, 이것은 그 자신은 물론이고 그의 친구들에게도 이익이 되는 것이었다. 하지만 국가 재정이 고갈되었기 때문에 조지 3세는 미국

거주민에게 가혹한 세금을 물리는 정책을 계속 이어갔다. 동인도회사는 어마어마한 양의 차를 싣고 왔지만 구매자를 찾지 못했다. 이때 타운센드는 식민지인들이 차를 제조자에게 직접 구매하는 것을 금지하는 '차 법'을 내놓았다. 미국 동인도회사에 차 거래의 독점권을 부여한 이 법으로 인해, 식민지로 영국 차를 수출 하면 세제상의 특혜도 입었다. 하지만 식민지인들에 대한 착취는 그 끝을 모를 정도로 심각했다. 이때 상인인 존 핸콕이 동인도회사의 차에 대한 불매운동을 조직해 이 회사의 배들이 더 이상 북아메리카의 항구에 들어오지 못하게 했다. 1773년 단 한 척의 배만이 보스턴에 정박할 수 있었다. 하지만 이 배에 실린 화물은 멀리 가지 못했다. 150명의 사내들이 차를 담고 있던 궤짝 342개를 열었고, 이를 지켜보던 사람들이 환호성을 지르는 가운데 내항 쪽으로 쏟아부어 버렸다.

조지 3세와 노스 수상은 식민지 자치권을 제한하고 군대를 급파했다. 영국인들은 한 치의 양보도 하지 않았다. 그것은 이 사태가 전쟁으로 이어지리라 생각하지 않았기 때문이다. 그랜트 장군은 하원 의회에 나와서 식민지인들은 감히 영국 군대와 맞서려 하지 않을 것이며, 그들에게는 좋은 군대도 없을 것이라 호언장담했다. 샌드위치(Sandwich) 경도 식민지인들은 훈련도 받지 않은 조야한 겁쟁이들이라는 논리로 전쟁이 일어나지 않을 것이라고 상원의원들을 설득했다. 하지만 2년 후 전쟁은 일어났다. 독립선언서가 조인되고, 영국군대는 적의 군대에 항복했다. 그리고 영국인들은 아메리카 대륙을 잃었다.

영국인들은 여기서 배운 게 있었을까? 동인도회사는 다른 식민지들, 특히 인도에서 그 지위가 확고했다. 영국 정부는 이 회사의 도움으로 해마다 턱없이 많은 이익을 챙겼다. 영국인들은 공식적으로 자유무역을 지원했지만, 동인도회사만이 막대한 인도시장에 접근했다. 영국제품은 독일제품에 비해 국제시장에서 경쟁력이 없었지만 인도에서는 일정한 매출이 보장되었다. 가장 좋은 실적을 올렸을 때는 인도에서 올린 매출이 영국제국 총 수출의 1/4이 넘었다. 독립국가로 존재했던 제후국들이 영국의 통치 아래 들어왔다. 인도인들이 민주적 권리를 요구하기 시작했지만 총독부는 이런 비판적 목소리에 귀를 기울이지 않았다. 그래서 1857년 위기가 돌발적으로 터지기까지 긴장이 첨예화되었다.

그 배경에는 그 지방 특유의 전통 관습에 대한 영국 행정부의 경직된 태도와 도를 넘은 오만함이 있었다. 인도에 주둔한 군대에는 힌두교나 이슬람교를 믿는 이십만 명의 군인들이 용병으로 근무하고 있었다. 그들은 세포이(Sepoy)라고 불렸다. 이 세포이들은 오래전부터 영국군 장교들에게 온갖 멸시를 받았다. 위기가 유발된 원인은 동물기름을 사용한다는 소문 때문이었다. 영국군은 탄약을 소기름에 보관한다는 소문이 돌았는데, 이것은 소를 신성시하는 힌두교 용병들에게는 끔찍한 일이 아닐 수 없었다. '세포이 반란'이라 알려진 이 봉기는 이슬람 교도들이 생활하는 막사에도 엄습했다. 왜냐하면 그들은 탄환의 보관을 위해 돼지기름도 사용되었을 것이라고 생각했기 때문이다. 영국인들은 이 소문을 해명하는 데 실패했다. 영국인들이 탄약 사용을 거부한 세포이들을 처벌하자 폭동이 일어났다.

1858년 이 폭동이 끝날 때까지 영국인들은 만천 명을 잃었다. 영국 인의 해석에 따르면 이 행위는 반란이지만, 인도인들에게 우발적으로 일어난 이 사건은 독립전쟁으로 가기 위한 첫걸음이었다.

이 사건은 최종적으로 동인도회사가 자기 권리를 영국 정부에 양도 하게끔 만들었다. 이 봉기는 인도인들에게 민족감정을 불러 일으켰다. 다양한 부족 집단들이 서로 공동의 운명체라는 것을, 공동의 적을 가 진 인도인이라는 사실을 인식했다. 하지만 그들만의 클럽과 호화 저택 에 스스로를 고립시킨 영국인들은 그들의 경제적 정치적 권력을 나눌 생각이 없었다.

완고하기 이를 데 없었던 장군 레지날드 다이어는 1919년 인도 독립 으로 이어지는 계기가 된 사건을 일으켰다. 펀자브 주 주민들은 신년 축제를 즐기기 위해 암리차르에 모였다. 이 도시에는 시크 교도의 정 신적, 문화적 중심지인 황금사원 하르만디르 사히브(Harmandir Sahib)가 있었다. 아마 지역 원주민 축제에 대해 잘 몰랐던 것 같은 다이어는 이 모임을 금지했다. 그는 탄환이 다 떨어질 때까지 이 행사에 모인 사 람들을 향해 발포하라는 명령을 부하들에게 내렸다. 사람들은 전혀 위협적으로 나오지도 않았고 사전 발포 경고도 없었다. 총격은 10분 동안 중단 없이 계속됐다. 중상자만 1200명이었고 500명이 사망했다. 다이어는 자기 행위에 대해 자랑스러워했던 것 같다. 그는 이 일로 인해 정직당했지만 어떤 형식적 처벌도 받지 않았다. 재판을 받는 동안 다이어는 자기 행위가 잘못되었다고 생각하지 않았다. 영국에서 그는 펀자브 주의 구원자로 지칭되기도 했고, 〈모닝포스트〉(데일리 텔레그래 프Daily Telegraph의 전신)는 이 제국의 수호자를 위한 기부금 모금운동을 벌이기도 했다. 그는 2만6천 파운드와 명예의 검을 받았다.

이것은 인도인에게는 너무 심한 것이었다. 이 사건은 중도파 민족주의자들에게 중요한 전환점이 되었다. 영국정부가 수여한 훈장을 반납했고 영국인들의 말에 불복종하는 운동이 일어났다. 모틸랄 네루 인도의회 의장은 서구식 복장을 포기하고 간디와 마찬가지로 인도 전통 면직 옷을 입고 간디의 추종자가 되었다. 암리차르 대학살 사건이 있은 후 인도 독립운동은 완전한 독립을 목표로 설정했다. 다이어는 더 이상 침묵할 수 없었다. 그는 간디는 독립운동의 지도자가 될 만한 사람이 아니라고 생각했다. 그리고 인도의 독립은 결코 허락해서는 안 되었다. 왜냐하면 인도는 그럴 능력이 없었기 때문이다. 다이어는 1927년 죽었다. 모닝 포스트는 "인도를 구했던 남자"라는 제목으로 추도사를 실었다.

마하트마 간디는 서구문명에 대해 어떻게 생각하느냐를 질문을 받고 그런 것이 있었으면 좋겠다고 대답했다. 간디는 생활 속에서 불복종운동을 벌일것을 호소했고 영국산 제품의 불매를 요청했다. 린리스고 총독이 인도의 독립을 약속해 주지도 않은 채 인도가 2차대전에 참전한다고 선언하자 인도의회는 또다시 불복종운동을 호소했다.

1947년 인도는 독립을 쟁취했다.

동인도회사는 국가 속에 있는 또다른 국가처럼 행동했다. 독점권의 유지를 위해 이 회사는 주주들에게 막대한 이익을 배당했다. 하지만 영국의 독점권은 원주민들에게 어떤 반대급부도 주지 않은 채 미국과 인도 국민의 피를 빨아먹었다. 이 당시 여러 무역회사들은 서양 경제사에서 가장 비양심적인 기업에 속했다. 이들 기업은 그 어느 것도 무서워하며 뒤로 물러서지 않았다. 노예무역이나 마약 판매까지 그들은 닥치는 대로 모두 다 했다. 리스본, 세비야, 파리, 런던 그리고 암스테르담에 있었던 여러 무역회사의 본점은 그들이 잔학한 행위까지 서슴지 않았던 이유가 무엇인지 알려주기를 꺼려 했다. 국가독점 사업으로서 이들 회사는 오늘날 많은 유럽인들이 여전히 누리고 있는 국가적 부의 토대를 만들어 주었다.

이런 식의 독점은 미국인들까지 전율케 했다. 동인도회사가 자행한 비열한 행위의 결과가 바로 미국의 독립선언이었다. 이때부터 미국은 국가 통제나 국가가 시장을 지배하는 것을 가능한 제한하려는 노력을 해왔다. 그럼에도 불구하고 미국이 증시 폭락 이후 서양경제사에서 가장 큰 위기를 맞았다는 것은 역사의 아이러니이다. 왜냐하면 시장 규제를 최소화하면 경제권력이 소수의 몇몇 회사에 집중되기 때문이다. 시장 지배적 위치를 몰염치하게 악용한 사례가 바로 미국의 거대 에너지 회사 엔론(Enron)이다.

몰염치한 엔론

1990년대까지만 해도 거대 에너지 기업 엔론은 가장 성공적이며 가장 효율적인 기업 가운데 하나였다. 이 회사의 사훈은 '존중', '성실', '소통', 그리고 '1등 정신'이었다. 이 회사는 엔론에는 오만함이 들어올 자리가 없다고 큰소리쳤다. 하지만 정작 이런 가치들이 중요하게 되었을 때 회사는 이것들을 헌신짝 버리듯이 했다.

엔론은 1997년부터 이익을 5억6천7백만 달러로 부풀리고 채무가 대차대조표에 드러나지 않도록 하는 방법을 통해 손해를 숨겼다. 이 회사의 손해를 숨기는 데는 아서 앤더슨 회계법인이 관여했는데, 이 법인의 직원들은 엔론이 파산하기 직전에 이 회사와 관련된 서류를 파기했다.

엔론의 임원들은 주주들의 이익을 침해한 대가로 엄청난 액수의 돈을 벌었다. 파산한 결과 엔론의 2만 명의 직원들은 기업연금을 받지 못하게 되었다.

처음에 엔론은 성공 신화를 써 나갔다. 모든 경제신문들이 엔론이 올린 실적을 칭찬하기 바빴다. 1997년 이 회사는 21개국에 진출하기도 했다. 이 회사의 주가는 5년 만에 세 배나 올랐다. 엔론은 가스와 전기 시장을 지배했고 1998년에는 북아메리카에서 가장 큰 에너지 거래 기업이 되었다. 회사의 사장인 제프리 스킬링은 에너지 시장의 자유화를 줄기차게 요구했다. 하지만 사실상 엔론이 이 시장을 독점했다.

1999년 11월 엔론은 온라인 서비스를 시작했는데, 이로써 주식 거래와 마찬가지로 에너지 거래도 인터넷을 통해 실시간으로 할 수 있었다. 하지만 주식 거래와는 달리 이 서비스는 엔론이라는 사기업에 의해 통제되었다. 이 온라인 서비스를 통해 엔론은 언제나 경쟁사의 가격 정보를 얻을 수 있었다. 이것은 이 회사의 판매 직원들이 마음 놓고 에너지 가격에 투기할 수 있게 만들었다. 이와 같은 시장 지배력은 엔론으로 하여금 못 할 게 없다는 생각을 하게 했다.

이 회사의 사장인 제프리스킬링은 문제를 단순화하려는 성향이 있었다. 그는 아이디어의 실현이 아니라 아이디어의 지적 순수성을 좋아했다. 현실과 이론이 불일치한다는 것을 그는 마지못해 시인했다. 그는 서서히 오만함을 키워 나갔고 자신이 회사에서 가장 똑똑한 사람이라고 여기기 시작했다.

스킬링은 비용에 대해서도 전혀 신경 쓰지 않았다. 인색해서는 절대로 좋은 아이디어가 나오지 않기 때문이다. 아무나 무엇이든지 구입할 수 있었다. 유럽의 어떤 회사가 사업 계약을 체결하고자 한다면 그는 즉각 비행기를 타고 날아갔다. 수백 명의 직원들이 제트기 일등석을 타고 가서 고급 호텔에서 묵었다. 이 회사의 경영자들 가운데 한 사람은 엔론의 일반 지출이 연간 18억 달러라고 평가했다.

이 기업의 부도덕성은 캘리포니아 주가 전기시장에 개입하지 않겠다고 결정했을 때 드러났다. 전기 거래상들은 캘리포니아 주의 예비전력을 마음대로 사고팔 수 있는 권리를 얻었다. 그런데 어느 날 엔론은 다음과 같은 교활한 생각을 하게 된다. 전기를 구입한 바로 다음 날 다시 파는 방식, 즉 캘리포니아 주의 전기 공급 일정에 공백이 생기는 시점을 이용하여 전기를 다시 팔게 되면 어떤 일이 벌어질까? 더군다나 엔론이 캘리포니아 주의 전기 공급에 목줄을 쥐고 있는 상황이 되면 전기료는 어떻게 될까?

전기산업에서 규제의 철폐는 성공을 거둘 것처럼 보였다. 처음에는 전기료가 내려갔다. 하지만 그다음에 전기 공급자들이 투기하기 시작했고, 가격은 뛰어올랐다. 엔론은 오랫동안 자유경쟁을 하게 되면 전기료가 떨어질 것이라며 설교하고 다녔다. 하지만 캘리포니아 주의 사례에서 엔론은 이 원칙으로부터 한 발을 뺐다. 판매상들은 캘리포니아 주민을 위해 봉사한 것이 아니라 돈만 벌어갔다. 그들은 전기 공급량을 줄임으로써 에너지 가격을 천정부지로 뛰게 만들 수 있었다. 예를 들어 그들은 네바다 주의 전기를 중개 회사를 통해 판매하는데, 이 판매사는 각각 15메가와트만 팔 수 있다. 그런데 2천9백 메가와트의 주문이 들어오면 도저히 공급할 수 없게 된다. 주문자는 단기간에 다른 곳에서 전기를 구매해야 했고, 이 때문에 가격이 70퍼센트나 급등했다.

당국이 이 사건을 조사하려 들자 엔론의 판매담당 사장 팀 벨든은 "법의 허점을 찾았을 뿐이고 이 점에서 캘리포니아 주에 봉사한 것이며, 누군가 이것을 악용한다면 그 책임은 이것을 방치한 정부에게 있다."는 논리로 자기 회사를 변호했다. 엔론은 겨우 2만5천 달러라는 말도 안 되는 벌금만 물면 되었다. 하지만 이 금액은 엔론이 지금까지 해왔던 부도덕한 짓을 못하게 막기에는 역부족이었다. 엔론은 캘리포니아 주의 전기를 수출하거나 아주 높은 가격으로 다시 팔기 시작했다. 사람들은 이 방법을 '전기 세탁'이라고 불렀다. 2000년 초 캘리포니아에는 유례 없는 폭염이 찾아왔고, 가용할 모든 전기가 필요했다. 이로 인해 메가와트당 전기 값은 24달러에서 750달러까지 치솟았다. 6월 중순에 캘리포니아 주는 2차대전 이래 처음으로 전기 공급을 중단했다. 모든 지역이 두 시간 동안 정전 상태에 있었다. 한 지역의 전기 공급이 다시 이루어져도 이웃 지역에 불이 나갔다. 샌디에고에서는 기업이 문을 닫아야 했고, 학교는 전기요금을 낼 수 없어 학생들을 집으로 귀가시켜야 했다. 국민들은 폭동을 일으켰다. 여름의 끝자락에 캘리포니아는 위기로 물들었다. 하지만 같은 시기에 엔론은 어마어마한 흑자를 보았다.

캘리포니아 주 당국의 항의에도 불구하고 이 상황은 계속 지속되어, 그다음 해 1월에도 전기가 다시 나갔다. 에너지 수요가 최고로 올라갔을 때 엔론은 의도적으로 발전소를 멈추게 했다. 승강기가 멈추었고 신호등이 나가 교통사고가 일어났다. 현금자동인출기도 작동을 멈추었다. 1월인데도 벨든의 에너지 장사는 2조5천4백억 달러라는 최고의 실적을 올렸다. 거의 동시에 벨든이 속임수를 썼다는 것이 회사 임원들의 귀에 들어갔다. 하지만 벨든은 캘리포니아에 에너지 위기를 몰고 왔음에도 해고된 것이 아니라, 승진하고 5백만 달러라는 보너스

까지 챙겼다. 이 위기는 2001년 여름 연방 에너지 감시청이 개입하고
서야 종식되었다.

엔론의 경영진들은 끝까지 비양심적이었다. 스킬링은 엔론이 시장
을 자유화했기 때문에 캘리포니아 사람들은 자기 회사를 고맙게 생
각해야 한다는 말만 반복했다. 캘리포니아 주민들이 당했던 고통에
대해 엔론의 경영진들은 웃기만 했다. 스킬링은 라스베가스에서 열린
회의에서 다음과 같은 농담을 했다. "캘리포니아 사람들과 타이타닉
호의 차이는 무엇일까요? 타이타닉 호는 불을 환하게 켜고 침몰했다
는 것입니다."

회사의 많은 고객들이 계약을 해지하자, 회사는 이들을 고소했다.
재판이 열리는 동안 모든 범죄 행위가 드러났다. 스킬링은 24년형을
선고 받았다.

우주의 지배자

5억 달러는 어마어마한 금액이다. 백 달러짜리 지폐를 쌓아 올리면
그 높이가 300미터나 될 것이다. 이 높이는 에펠탑의 꼭대기 층과 맞
먹는다.

5억 달러는 투자 은행 리먼 브라더스(Lehman Brothers)의 사장 리처드
펄드가 1993년부터 2007년까지 벌어들인 금액이다. 2008년 12월 딕

펄드(Dick Fuld)는 파이낸셜 타임스가 제정한 "도둑"상을 받았다. 그 이유는 그가 2006년 4천만 달러 그리고 2007년에는 3천5백만 달러의 보너스를 챙겼기 때문이다.

미국 은행의 보너스 문화는 궁극적으로 전 세계를 경제 위기로 몰고 간 과대망상의 전형적인 사례이다. 이런 규모로 보너스가 움직이고 몇몇 사장이 1년에 천만 달러를 벌 수 있다면, 누가 이 회사가 몇 년 후에도 이익을 낼 것인가에 관심을 가지겠는가? 리먼 브라더스는 파산했지만, 딕 펄드는 그렇지 않았다.

21세기 초에 한 무리의 아이슬란드 투자자들이 세계를 돌며 기업을 사들였다. 일부는 핀란드로 가기도 했다. 그들은 보험회사나 TV 방송국 심지어 핀에어(Finnair)와 같은 항공사의 지분까지 원했다. 그 밖에 기업 이사회에 들어가 더 많은 권력을 가지기를 원했다. 모든 사람들은 아이슬란드 인들의 자신감에 대해 의아해 했고 그들이 어디서 돈을 벌었는지 궁금해 했다.

2008년 10월 중순 레이캬비크. 주자창이 운행 중지 신고가 된 4륜구동 지프와 메르세데스 리무진으로 가득 차 있다. 쇼핑센터의 옷가게들은 인적이 끊긴 것 같은 인상을 준다. 아이슬란드 총리는 스칸디나비아 국가를 돌며 자금을 조달할 계획을 세운다. 대규모 시위대가 은행장들과 총리의 사퇴를 요구한다. 온 나라가 은행 파산에 직면해 있다. 아이슬란드의 화폐인 크로네(Krone)는 폭락했다.

2008년 초만 해도 아이슬란드 중앙은행 총재인 다비드 오드손은

〈몽클레〉(Moncle)라는 잡지와의 인터뷰에서 아이슬란드 은행들은 건실하다고 말했다. 오드손은 예금자들에게 예금을 아이슬란드 은행에 맡기라고 추천했다. 왜냐하면 아이슬란드 은행의 전략이 탁월했기 때문이다. 이들 은행은 금융시장을 키우는 대신 예금자의 통장을 키우는 데 돈을 이용했다. 오드손의 견해에 따르면 이 방법이 훨씬 신용할 수 있는 것이었다. 그는 이런 은행은 벌을 줄 것이 아니라 칭찬해 주어야 한다고 말했다.

이런 아이슬란드가 파산하게 된 것은 아이슬란드 투자 은행가들의 과대망상 때문이었다. 이들은 아이슬란드 국민총생산(GNP)보다 무려 4배나 많은 액수를 투자했다. 하지만 세계를 지배하고 싶다는 젊고 역동적인 이 은행가들의 꿈은 그 허무맹랑함 때문에 좌초되고 말았다. 그리고 그 끝에 남은 것은 빚뿐이었다.

하지만 아이슬란드와 전 세계 경제 붕괴의 씨앗은 뉴욕에서 뿌려졌다. 파산과 주가하락의 연쇄 반응은 리먼 브라더스의 최고 경영자 리처드 펄드가 2008년 초 재무장관 행크 폴슨과 저녁식사를 할 때 시작되었다.

리먼 브라더스는 큰 문제를 안고 있었다. 미국의 오래된 기업 가운데 하나가 그해 초에 터진 서브프라임 모기지론으로 인해 심각한 위기에 빠졌다. 다른 투자은행도 그렇지만 리먼 브라더스 역시 고위험 투기상품인 주택담보대출 파생상품 때문에 휘청거리고 있었다.

미국 중앙은행은 이자율을 오랫동안 낮게 유지했다. 1990년대 중반 이래 은행들은 채무 상환 능력이 전혀 없는 저소득층에게 높은 이자를 받고 주택담보대출을 해주었다. 은행들은 대출 리스크를 주택담보대출을 파생상품으로 만들어 전 세계 투자자들에게 판 투자은행에 전가했다. 파생상품이란 관련자들이 장래의 일정시점에 미리 정한 가격으로 매매할 것을 현재 시점에서 약정하는 선물거래(先物去來)다. 이를 위해 부채담보부증권(Collateralized Debt Obligations)이라는 흥미로운 이름을 고안했는데, 평가기관은 이 채권에 높은 등급을 매겼다. 주택담보대출은 주택 가격이 계속 오를 것이라는 믿음에서 거래되었다. 이것은 다시 은행으로 하여금 더 좋은 가격을 받기 위해 차입금을 사용하도록 부추겼다.

베어스턴스, 모건 스탠리 그리고 리먼 브라더스는 30배 이상의 차입금을 빌려 이 파생상품에 투자했다. 이 재할인을 위한 중요한 보증인은 거대 보험회사 AIG로, 이로 인해 이 회사는 4억 달러의 채무를 졌다.

비우량 주택담보대출인 서브프라임 사업은 이상한 재료로 만든 제품의 가격을 컴퓨터 프로그램이 계산한 무모한 사례이다. 은행 자본으로 하는 부동산 거래는 부동산 가격을 치솟게 하기 때문에 직원들에게 높은 보너스를 줄 수 있다. 투자은행에서 이것은 일상적인 일이었다. 베어스턴스 은행만 2005년에서 2007년까지 총113억 달러의 보너스를 주었고, 리먼 브라더스는 216억 달러, 메릴린치(Merril Lynch)는 45억 달러를 주었다. 이것을 백 달러짜리 지폐로 쌓아 올리면 그 높이가 4,674 킬로미터이고, 길이는 칠레보다 44킬로미터나 더 길다.

'우주의 지배자'(master of the universe)는 작가 탐 울프가 은행가에게 붙인 명칭이다. 소설 『허영의 불꽃』(The Bonfire of the Vanities)에서 그는 월스트리트 은행원의 삶을 그리고 있는데, 이 은행원은 자신을 우주의 지배자로 여기다가 어려움에 빠져 마침내 힘을 잃고 몰락한다. 리먼 브라더스의 리처드 펄드는 이런 우주의 지배자의 전형적인 사례이다. 그는 논쟁을 펼치기를 좋아하며 자기가 한 일에 대해 후회하지 않았다. 사람들이 펄드에게 서브프라임 위기를 경고했을 때, 그는 그들의 목소리에 귀 기울이기를 거부했다. 심지어 그는 이렇게 경고하는 사람들을 겁쟁이라고 욕해 수많은 우수한 사람들이 은행을 떠나게 만들었다.

2007년 여름 리먼 브라더스의 주가가 떨어지기 시작했다. 왜냐하면 투자자들이 이 은행이 비우량 주택담보대출에 엄청난 돈을 댔다는 것을 알았기 때문이었다. 리먼 브라더스는 월스트리트의 다른 은행에 비해 덩치가 작았기 때문에 사람들은 이 손실이 치명적 결과를 낳을 것이라고 예상했다.

미국 중앙은행장인 폴슨은 펄드를 현실감이 없는 도박꾼이라 말했다. 그는 리먼의 채무 상황에 대해 우려했다. 특히 리먼이 차입금으로 빚투성이의 다른 투자펀드를 사들이고 있는 것을 대단히 걱정했다. 빚을 내 빚을 사들이고, 이 모든 것을 납세자들이 보증해 주었다. 폴슨은 펄드에게 마침 구매의사를 밝힌 한국의 국책은행에 리먼을 팔라고 요구했다. 이 말에 펄드는 이성을 잃을 정도로 격분했다. 리먼의 직원이었던 래리 맥도널드는 이 은행의 파산에 대해 책을 쓰면서 펄드가 분노를 터뜨린 것이 리먼의 운명을 결정했다고 말했다. 폴슨에게 펄드의 태도는 오만했고 무례한 것이었다.

2008년 6월 리먼 브라더스는 2/4분기 손실이 28억 달러에 달한다고 공시했다. 그런데 불과 몇 달 전인 2008년 3월 펄드는 2천2백만 달러의 보너스를 챙겼다.

9월 14일 일요일, 폴슨은 납세자의 세금을 리먼을 구하는 데 쓰지 않겠다고 선언했다. 리먼의 직원들은 여전히 폴슨이 허세를 부리고 있다고 생각했다.

9월 14일 일요일 리먼 브라더스는 파산 신청을 했다. 시장은 미국 중앙은행이 이것을 두고 보고 있지만은 않을 것이라 확신했다. 월요일 유럽과 아시아 금융시장은 우선 잠잠했다. 하지만 그다음 공황상태가 일어났다. 36시간 만에 총 6천억 달러가 세계 금융시장에서 사라졌다. 금융시장에서 더 이상 돈이 돌지 않았다. 미국과 유럽 사람들은 중앙은행들이 금융 시스템을 지원하는 데 나서지 않으면 며칠 안에 대형 은행들이 망할 것이라 확신했다.

미국 중앙은행인 연방준비제도(Fed)는 9월 16일 AIG에 87억 달러를 빌려 주고 이 회사의 지분 79.9퍼센트를 인수하기로 했다고 발표할 수밖에 없다고 생각했다. 뱅크오브아메리카가 메릴린치를 사들였고, 9월 18일에는 영국의 로이즈 은행이 HBOS은행을 사들였다. 골드만삭

스나 모건스탠리는 투자은행이라는 지위를 포기하고 앞으로는 일반 은행으로 남겠다고 선언했다. 독일, 룩셈부르크 그리고 벨기에 정부는 대출은행 덱시아(Dexia)의 파산을 막기 위해 자금을 지원하기로 했다고 발표했다. 그다음 독일 정부는 뮌헨의 거대 부동산금융 회사인 히포레알에스테이트(Hypo Real Estate)에 자금을 지원했다. 네덜란드는 포티스(Fortis) 은행을 국유화했다. 아이슬란드는 모든 은행을 국유화했다. 10월 8일 영국 정부는 국가 은행 시스템의 정상화를 위해 무려 250억 파운드의 세금을 쏟아부었다.

하지만 가장 충격적인 사실은 이 상황에서도 은행장들이 자기 몫의 보너스를 챙기려고 고집을 부렸다는 것이다.

뱅크오브아메리카에 합병된 메릴린치는 2008년 40억 달러 규모의 보너스를 지급했다. 그런데 며칠 뒤 이 은행은 150억 달러의 적자를 보았다고 발표했다. 이 은행의 마지막 사장인 존 테인은 은행이 최종적으로 뱅크오브아메리카로 넘어가기 직전에 자기 방을 새롭게 꾸미는 데 백만 달러 이상의 금액을 지출하게 함으로써 여론을 완전히 무시한 탐욕의 상징이 되었다.

2008년 골드만은 23억 달러를 벌었는데, 정부로부터 100억 달러의 구제금융을 받았다. 동시에 이 은행은 보너스로 48억 달러를 지급했다. 모건스탠리 역시 2007년 총 17억 달러를 벌었는데, 구제금융을 100억 달러 받고 사장들에게 44억7천5백만 달러의 보너스를 지급했다.

경제 붕괴나 여론 따위는 이 은행들의 보너스 지급 관행에 전혀 영향을 미치지 못했다. 법무부의 앤드류 쿠오모가 보고한 계산에 따르면, 미국에서 구제금융이 투입된 9개 은행의 사장들에게 지급된 보너스는 전체 은행이 올린 순수익을 상회했다.

2008년은 대 파국을 맞은 해임에도 불구하고 월스트리트에서는 4,793명의 금융인들이 백만 달러 이상의 보너스를 챙겼다. "은행 경기가 좋았을 때 은행원들은 두둑한 보너스를 받았다. 그런데 은행이 망해가는데도 은행원들의 보수는 아주 높았다. 은행이 망해가자 납세자의 세금으로 구제되었다. 그런데도 은행원들은 계속 많은 돈을 받았다."고 쿠오모는 요약했다.

〈뉴욕타임스〉에 따르면, 2008년 9개 은행의 보너스 지급액은 총 326억 달러에 달했고, 이 은행의 손실액은 810억 달러였다. 버락 오바마 대통령은 구제금융을 받은 은행이 보너스를 지급했다는 것은 무책임의 극치라고 말했다.

해도 해도 너무 한 것은 AIG였다. 보험회사 AIG의 적자는 천7백억 달러로 청산되었는데, 이 액수는 핀란드 일 년 예산의 거의 세 배에 달하는 금액이다. AIG는 이 돈에서 경영진에게 1억6천5백만 달러의 보너스를 지급했다. 2009년 3월 미국 대통령과 참모들의 인내력에 한계가 왔다. AIG는 결국 지급된 보너스를 상환해야 했다. 그렇지 않으면 이해득실을 따졌을 때 이 은행 경영진에게 아무것도 남지 않을 정도로 높은 세금이 부과되었을 것이다. 이런 보너스 시스템에 대한 분노는 전 세계적으로 일어났다. 독일은 은행에 사전에 엄격한 보너스 지급 조건을 마련하라고 명령했다. 영국과 프랑스는 은행의 보너스 지급액에 50퍼센트의 세금을 물리는 법안을 통과시켰다.

경영상의 어려움에 처한 기업의 경영진들은 그 밖에 관행적으로 누려온 혜택도 쉽게 포기하려고 하지 않았다. 2008년 가을 미국의 3대 자동차 제조사 회장들이 의회에 자금을 요청했을 때 전용 비행기가 비난을 받았다. 이들이 모두 전용 비행기를 타고 워싱턴에 왔던 것이다. 이것이 여론의 거센 비판을 받자 다음에 그들은 전용기를 팔고 자동차를 타고 왔다. 2009년 1월 미국에서 두 번째로 큰 은행인 씨티그룹은 5천만 달러를 들여 팔콘(Falcon) 7x 형 비행기를 주문하려는 계획을 취소했다. 이 취소는 은행의 새로운 주인인 국가가 요구한 것이다. 씨티그룹은 납세자가 낸 세금으로 구제되기 직전에 이 회사 전용 비행기를 주문했던 것이다.

자유시장경제 체제에서 벌어진 이 사건은 실적, 인수합병, 경쟁에 집중하는 것이 더 이상 경영자의 가치를 재는 유일한 척도가 될 수 없다는 것을 보여주었다. 국민들의 분노를 이해하지 못하는 경영자의 무능력은 돈을 잘 버는 엘리트들이 현실과 일반 국민들의 가치관에서 얼마나 멀리 떨어질 수 있는지를 여실히 보여준다.

〈파이낸셜타임즈〉의 기자 질리안 테트는 2008년 월스트리트에서 촉발된 세계경제의 위기는 대부분 몇 안 되는 은행의 엘리트 그룹들이 현실을 냉철하게 바라보는 시각을 잃고 다른 사람의 조언 듣기를 거부하며 자기만의 망상 속에서 살았기 때문이라고 주장했다.

하지만 감옥에 수감된 죄수가 아니라면 그 누구도 사회에서 완전히 고립되어 살 수 없다. 많은 사회에서 엘리트는 자기 권력을 지키기 위해 부를 축적할 뿐만 아니라 당시의 이데올로기를 지배하고, 유무형의 것에 영향을 미치려고 노력하기도 한다. 가만히 있으면 권력구조는 그대로 유지된다. 대형 은행의 직원들은 자신이 무엇을 하고 있는지 전혀 모르고 있었던 게 아니었다. 질리안 테트에 따르면, 이 은행원들은 수학적 모델을 미래의 확실한 지침으로 여기고 있었지만, 이 모델이 말도 되지 않게 적은 양의 데이터에 기초하고 있다는 사실은 외면했다. 은행 내부에서도 개별 부서들끼리 재원을 확보하려고 경쟁을 벌이다 보니 아무도 넓은 시각에서 총체적인 그림을 그리며 사태를 해결하려 하지 않았다. 테트에 따르면 가장 위험한 것은 벽을 치고 들어앉아 외부세계와 단절하는 것이었다. 그 당시 은행들은 자기만의 세계에서 살았고, 다른 사회와 접촉하지 않았다. 그래서 이제 수백만의 일반 가정이 그 대가를 치르게 된 것이다. 테트는 이들의 분노를 서구 사회를 떠받치고 있던 시스템이 기능 고장을 일으킨 것에 대한 고발로 보았다.

경영 컨설팅 전문회사인 레더라(Redera)가 2009년 여름 핀란드 노동자들의 가치관에 대해 조사한 결과를 발표했을 때, 그 결과는 기업 컨설턴트들이 성공 보너스 구상의 근거로 제시했던 것과 거리가 멀었다. 노동자들은 우선 무엇보다도 인간관계, 안전, 그리고 건강을 원했다. 돈은 이들의 희망사항에서 제일 끝 순위로 밀려 있었다. 응답자의 84

퍼센트는 여가시간에 긴장을 풀고 즐기는 것을 중시했다. 이들은 예전보다 훨씬 많은 시간을 작은 사회봉사라도 하며 보내려고 한다. 이 연구결과에 따르면 직장에서도 사람들은 자신에게 큰 의미가 있는 업무를 하기 바란다.

오만의 상징이 된 "다스 오토"(Das Auto)*

월스트리트의 은행들이 자기네가 보유하고 있는 정크 펀드를 최고 신용등급 AAA로 포장했었다는 사실이 들통나자 국제신용평가기관들의 신뢰도는 끔찍하리 만큼 허물어지기 시작했다. 2006년 무디스는 이 부실 채권들 가운데 자그마치 83퍼센트에 AAA 등급을 박탈하였다. 그 이듬해 신용등급이 Baa1로 평가되었던 펀드의 89퍼센트가 정크 펀드로 떨어지자 신용평가기관들의 체면이 말이 아니게 되었다. 신용평가사들은 여기에 속한 채권들이 우량하다고 평가했었기 때문이다. 신용평가에서 가장 중요한 것은 평가 대상의 질을 분명하게 밝히는 것이다. 질을 확증하는 데 있어서 절대적인 것은 좋은 평판이며 오늘날의 세계에서는 여러 평가기관에서 발행하는 인증서를 많이 확보

* 독일의 유명한 자동차 회사인 폭스바겐 Volkswagen이 2007년부터 사용하기 시작한 대표적인 슬로건이다. 글자 그대로, 정관사 das와 자동차의 Auto가 결합한 the car의 의미로, '이게 (바로) (진정한) 자동차'라는 뜻을 함축하고 있다. 하지만 번역이 용이하지 않아 여기에 부연 설명을 덧붙인다. 2015년 배출가스 조작혐의가 드러나자 이 말의 사용을 중지했다.

하는 것도 중요하다. 제품의 품질이나 어떠한 타협도 없이 다양한 기준들을 충족시키는 것으로 유명한 회사가 바로 폭스바겐 그룹이었다.

2015년 가을 폭스바겐이 테스트 주행시 이산화탄소 배출량을 속이는 소프트웨어를 자동차에 설치했다는 사실이 폭로되었다. 폭스바겐의 소포트웨어 엔지니어들은 그 작업을 감쪽같이 했다. 자동차에 장착된 이 장치는 테스트 주행의 상황을 추적한다. 즉 이 배출가스 조작장치는 테스트 모드, 테스트 운전자가 혼자 있는 경우나 자동차 내부의 공기압을 감지한다. 그 장치는 핸들이 움직이는지 아닌지를 관찰하며, 운전자가 속도를 높이지 않으면서 가속 페달을 밟고 있는지 아닌지를 알아차린다. 이를 통해 이 소프트웨어는 필요할 때 이산화탄소의 측정에 영향을 끼칠 수 있다.* 실험 주행 환경에서 그 소프트웨어는 자동차의 엔진을 일상적으로 주행할 때보다 힘을 덜 쓰도록 하는 모드로 전환시킨다. 일단 일상적인 주행에 들어서면 그 엔진은 테스트 모드에서 벗어나 바뀌는 것이다. 자동차는 일상적인 주행시 테스트 주행일 때보다 40배나 많은 질소산화물을 배출시킨다. 질소산화물은 스모그와 산성비의 주역이다.

이 눈속임을 위한 소프트웨어는 2009년 초부터 폭스바겐 디젤차에 설치되었다. 폭스바겐의 CEO 마틴 빈터코른은 2014년 슈피겔 매거진과의 인터뷰에서, 아이러니컬하게도 자만심과 자아도취에 빠지는 것

---

* 설명을 간략히 덧붙인다면, 이 소프트웨어는 일상적인 주행시에도 실험 주행 환경에서처럼 배기가스 저감장치의 작동을 멈추게 함으로써 결과적으로 엔진의 소모를 줄이고 연비를 높이도록 만든 것이다. 하지만 그만큼 질소산화물이 대기 중에 방출됨으로써 공기를 오염시키게 된다.

이야말로 폭스바겐에서 일어날 수 있는 가장 끔찍한 일이라고 말했다. 하지만 불과 1년 후, 이 회사가 누구나 상식적으로 알 만한 규범을 무시하고 배기가스 배출 규정을 간단히 무시해 버리자 빈터코른은 사임했다.

자동차업계에서 가장 유명한 1위 회사인 폭스바겐이 하필 왜 이처럼 자기 명성에 흠집을 내는 모험을 감행했는지는 수수께끼이다. 폭스바겐은 2010년대에 들어서면서 기술 혁신으로 세계의 찬사를 받으며 자동차업계의 리더가 되었다. 이 회사는 눈부실 만큼 엄청난 수익을 올렸고 시장을 선도하는 기업으로 입지를 굳혔다. 더욱이 2011년 빈터코른은 미국 테네시 주의 신축 공장 완공식에서 세계 최고의 자동차 생산업체로 거듭나는 것, 그리고 미국에서 자동차 판매를 세 배로 늘리는 것이 목표라고 공언하기까지 했다.

이와 같은 목표에 도달하기 위해 폭스바겐은 환경 친화적이고 연비가 높은 디젤 자동차 생산에 투자했다. 폭스바겐은 2013년에 244만 대의 디젤 차를 판매했다. 130만 대를 팔아 2위를 차지한 푸조와는 한참 격차를 벌였다. 폭스바겐은 훌륭한 명성까지 얻었다. 2012년 폭스바겐 파사트 TDI 클린 디젤은 올해의 그린카(the Green Car of the Year) 결선 진출차로 선정되었다. 2013년 폭스바겐의 제타디젤 세단 역시 올해의 그린 카로 뽑혔다. 그다음 해에는 폭스바겐 아우디 A3Tdi 클린 디젤이 역시 같은 상을 받았다. 2015년 10월 결국 두 개의 상은 취소되었다.

폭스바겐은 단지 "das Auto"라는 두 개의 독일어 단어만으로도 전 세계에 자신을 알릴 능력이 있었기에 그렇게 열정적으로 광고를 할 필요도 없었다. 하지만 이 회사는 특히 막대한 규모의 연작 광고를 통해 미국 소형 디젤 차 시장에 진입하려고 애를 썼다. 친환경성은 이 광고 캠페인에서 가장 눈에 띄는 부분이었다. 폭스바겐은 미국에서 TDI 엔진을 "클린 디젤"이라는 간략한 문구로 광고했다.

독일 유력지인 〈프랑크푸르터 알게마이네 차이퉁〉은 폭스바겐의 엔지니어들이 이미 2011년부터 배기가스 배출량을 조작할 수 있다는 것을 최고 경영진에게까지 보고했다고 밝혔다. 하지만 경영진은 아무런 조치도 취하지 않았다. 최고 경영진들의 방심은 이렇게 한동안 지속되었다. 이 회사는 환경기준에 대한 규정조차도 무시했다. 기준을 충족시킬 만큼 배출가스를 낮추는 디젤 엔진의 개발은 비용이 많이 드는 문제였다. 마찬가지로 환경기준을 따른다는 것은 연료의 소비를 증가시킬지도 모를 일이었다. 이들의 판매 전략은 되도록 연료 소비를 줄이는 것 아닌가.

폭스바겐은 다른 자동차 생산업체들도 그렇듯이, 로비스트들을 십분 활용하였으며 유럽 자동차 법안들을 개정하는 데 영향력을 행사할 수 있었다. 덕분에 유럽 환경기준은 미국보다도 엄격하지 않았다. 그래서 유럽 자동차 기업들이 고용한 로비스트들은 새로운 배출가스 테스트 방식에 반대했다. 〈뉴욕타임스〉에 따르면, 유럽의 자동차 메이커들은 "일반적인 주행 조건"이라는 개념을 정의하기 위해 심지어 법률 대리인을 고용하기까지 했다. (배기가스 측정량을 조작한 사기행위가 들통나기 전) 미국의 환경부 관리들이 테스트 주행과 일상 주행의 측정치에 큰 차이가 있다는 점을 지적했을 때, 폭스바겐을 대리하는 법률자문단들은 미국 관리들이 오류가 있는 측정 결과를 가지고 나왔다고 답했다. 그러자 이 관리들은 측정 데이터와 그 방법에 의문을 품게 되었다.

유럽 의회의 의원인 카를 하인츠 플로렌츠는 유럽 자동차 산업이 지나치게 힘을 키워 왔다고 말한다. 독일의회 의원이자 전임 환경위원회 의장 역시, 자신을 비롯해 여러 의원들이 수년 동안이나 실제 배출량을 더 잘 반영하는 시험 제도를 도입하도록 유럽위원회를 압박했다고 〈뉴욕타임스〉에 밝혔다. 그는 이러쿵저러쿵 말도 안 되는 소리들만 그에 대한 대답으로 돌아왔다고 말했다.

6_ 겸손의 기술

타자에 대한 관용과 존중 그리고
자신에 대한 비판을 열린 자세로 받아들이는
태도가 성공의 토대가 된다.
고대 그리스의 학문과 이탈리아의 르네상스는
바로 이런 태도 때문에 가능했다.

1919년 1월 미국, 프랑스, 이탈리아, 영국은 파리에서 회의를 열었는데, 이 회의는 1차대전 이후 새로운 질서를 확립하는 것과 전쟁배상금 문제를 다루었다. 거의 100명의 외교관들이 참여한 이 협상은 6월에 끝났다. "서명하지 않으면 점령한다"는 모토에 따라 독일은 완성된 조약문을 제출받았다. 이 조약문 231조는 전쟁 발발의 책임을 독일이 전부 지도록 했다. 독일은 이 협상에 참여할 수 없었기에 전쟁배상금에 대한 일방적 결정은 독일인들에게는 큰 모욕이었다.

이 조항에 근거하여 독일은 추후에 결정될 전쟁 피해 배상금을 내야 할 의무를 지게 되었다. 승전국들이 노리는 목적은 너무 달랐다. 미국과 영국에는 정치적 긴장 해소가 중요했지만 프랑스 총리 클레망소의 가혹한 주장이 관철되었다. 청년 시절 비스마르크와 마찬가지로 결투를 좋아했던 클레망소는 경쟁주의적 사고를 극단적으로 추종했던 사람이었다. 그에게는 호랑이라는 별명이 붙어 있었는데, 야당 정치인일 때 그는 매번 정부를 무너뜨리는 데 앞장섰기 때문이었다. 이제 그는 독일을 무너뜨리고자 했다. 그는 프랑스 인들에게 깊은 인상을 남기기 위해 물질적, 지리적, 심리적으로 독일에 심각한 타격을 가하는 데 사활을 걸었다. 그가 특별히 관심을 가진 것은 부유한 지역인 엘사스와 로트링엔이었다. 독일은 자국 영토의 13퍼센트를 잃었지만, 이 지역은 독일 철광석의 75퍼센트, 강철의 30퍼센트, 석탄의 28퍼센트가 나오는 곳이었다. 전쟁 배상금의 담보물로 처음에는 라인강 좌측 지방, 나중에는 독일 경제의 중심지인 루르 지역까지 점령당했다.

1921년 1월에는 전쟁배상금으로 2천2백6십억 금마르크(1차 대전 이후 사용된 화폐)가 책정되었다. 후에 이 액수는 1천3백2십억 마르크로 감해졌지만, 여전히 천문학적 금액이었다. 1932년까지 독일은 5백3십억 마르크를 갚았다. 이 요구는 너무 무리한 것이어서 순수하게 계산했을 때 2차대전이 일어나지 않았다면 독일은 1988년까지 갚아야 이 배상금을 완납할 수 있었을 것이다.

베르사유 평화조약은 독일인들의 마음을 아주 씁쓸하게 만들었고, 사람들은 이 조약을 치욕적인 평화조약이라 불렀다.

케인즈는 이 평화조약의 경제적 결과에 관한 책을 썼다. 그는 이 책에서 베르사유조약 이면에는 공정한 원칙에 따라 항구적 평화체제를 만들겠다는 노력보다 독일을 파괴하겠다는 프랑스의 복수욕이 자리하고 있었다고 설명했다. 케인즈에 따르면, 이 정치가의 어리석음이 나치즘이 부흥하는 양질의 토양을 마련해 주었다. 베르사유조약은 히틀러의 주요 정치적 테마들 가운데 하나였다.

우리는 적을 무자비하게 쳐서 완전히 쓰러지게 해서는 안 된다. 잔인한 권력 행사는 복수를 부른다. 중국의 고전『손자병법』은 "쥐도 궁지에 몰리면 문다."고 강조한다. 사람도 마찬가지로 더 이상 도망갈 길이 없다는 것을 알게 되면 죽을 때까지 싸운다. 그래서 우리는 포위당한 적에게 퇴로를 열어 주어야 하고, 적이 집으로 돌아가려고 하면 공격하지 말아야 한다. 프랑스 인들은 독일인들이 집으로 돌아가려고 하는 것을 막았다.

아리스토텔레스에 따르면, 인간의 가장 중요한 임무는 행복한 삶을 추구하는 것이다. 하지만 이런 목표는 부나 명성이 아니라 이성적인 행동이나 중용을 통해 달성된다. 아리스토텔레스의 책들은 아마 협상 기간 동안 프랑스 총리 클레망소의 책상에 올려 있지 않았음이 틀림없다.

성공은 행운의 문제다

자신감에 찬 사람들이 종종 권력을 잡거나 성공을 거두기도 한다. 하지만 이 자신감이 잘못된 전제조건에 의지하고 있다면 오만이 자라기에 안성맞춤인 토양이 된다. 제프 멀건에 따르면 수많은 지도자들이 그들의 성격상의 특징 때문에 연단에서 떨어진다. 왜냐하면 광적인 자신감이 이기적인 오만함으로 변하고, 다른 사람의 의견에 귀를 기울이는 태도가 우유부단함으로 바뀌며, 감동적인 말솜씨가 오만함으로 바뀌기 때문이다. 멀건은 이런 지도자는 보통 후계자에 의해 대체되는데, 이 사람 역시 20년 전 전임자와 똑같은 운명을 맞게 된다고 말한다.

아리스토텔레스에 따르면 오만(Hybris)이란 자신이 탁월하다고 확신한 인간이 중용이라는 이상을 포기하고 잘못된 행동을 하는 것이다. 인간의 이런 오만함에는 자주 네메시스(Nemesis), 즉 신의 복수가 따른다. 네메시스는 정의를 전형적으로 나타낸다. 네메시스의 임무는 오만이나 과대평가로 인해 발생한 불의에 복수하는 것이다.

중국인들은 이런 복수에 대해 좀 더 냉소적인 입장이다. 중국인들의 전통적인 생각에 따르면, 왕조의 비상과 몰락은 불변의 모델에 따라 이루어지는 것이다. 모든 것에는 제자리가 있는 법이다. 낮과 밤이 서로 교체되는 것처럼 왕조나 왕 역시 해처럼 떴다가 다시 어둠 속으로 가라앉는 법이다. 중국인들의 생각에 따르면, 왕은 하늘로부터 통치권을 위임받지만, 모든 왕이 통치능력이 좋은 것은 아니다. 이런 왕들은 하늘의 신뢰를 저버리고 더 이상 정의롭게 통치하지 않는다. 그 결과 혼란이 일어나면, 하늘은 곧바로 이 왕에게 위임한 권력을 거두어 들여 새로운 왕조에 권력을 위임한다.

오만으로 인해 야기된 대 파국을 연구한 매튜 헤이워드는 과도한 자신감을 다스리는 것에 찬성한다. 자신감을 가지면서도 성공한 삶을 누릴 수 있기 위해서는 집이나 직장에서 자신이 느끼고 있는 자신감의 잘못된 근원을 다스릴 수 있는 능력이 있어야 한다. 규칙적으로 거울을 들여다봄으로써만 이런 오만을 피할 수 있다.

이기주의에 대한 책을 썼던 데이비드 마컴과 스티븐 스미스는 에고 (Ego)가 위협적으로 변하는 4가지 경고 신호를 찾아냈다.

첫 번째 신호는 계속 비교하는 것이다. 우리는 다른 사람들보다 더 나은 사람이 되고자 집착하며 이를 위해 많은 시간을 보낸다. 비교는 동료를 경쟁자로 만든다. 경쟁자는 당연히 좋은 협동 파트너가 될 수 없다.

두 번째 특징은 심하게 자신을 방어하려고 한다. 아무도 모든 것에 대해 광범위한 정보를 가질 수 없기에 최상의 결정은 함께 모여 논쟁함으로써 내릴 수 있다. 하지만 종종 우리는 아이디어 자체가 아니라 우리 자신을 방어해야 할 것처럼 한 가지 입장을 심하게 옹호한다. 최악의 경우 우리는 피드백을 받지 않거나 사과 요청을 받아들이지 않는다. 이 경우 대화는 진실성 없이 피상적으로 흐르게 된다.

에고가 팽창되고 있다는 확실한 세 번째 징조는 자신의 탁월성을 강조하는 것이다. 자기 재능을 굳이 숨길 필요는 없지만 너무 지나치게 강조하면 보다 중요한 일에 사용해야 할 에너지를 소모하게 된다. 누군가 다른 사람들이 자신의 천재성에 감탄하고 있다는 것을 확신할수록 그들은 비록 그의 아이디어가 가장 좋을 수 있다 할지라도 그것을 잘 듣지 않는다.

네 번째이자 마지막 신호는 인정을 받으러 다니는 것이다. 집단 구성원 모두의 찬사를 받는다고 해서 반드시 좋은 결정이 되는 것은 아니다. 지도자의 역할에 가장 알맞은 사람은 인정을 받기 위해 높은 지위를 필요로 하지 않는 사람이다. 동료들의 찬사에 너무 큰 가치를 부여하게 되면 우리는 자신에게 성실할 수 없게 된다.

조직 연구가 짐 콜린스는 어떤 기업은 선두를 달리는데 어떤 기업은 왜 그렇지 못할까를 연구했다. 그는 백 개의 기업을 분석해 성장이 멈춘 기업의 2/3가 경영진의 탐욕스러운 이기심 때문에 망했다는 사실을 밝혔다. 이것이 조직 내부에서 평범성을 가속화했기 때문이다. 성장의 시대 이후 위축된 기업들은 너무 오랫동안 성공시대에 매혹되어 있었다.

어떤 기업이 우리는 특정한 일을 해냈기 때문에 탁월하다고 말한다면 정상이다. 하지만 이런 찬사가 너무 현란해지면 문제가 임박해 있는 것이다. 어떤 기업이 성공적으로 행동했기 때문에 성공했다고 본다면 그 기업은 위험 영역에 들어가 있는 것이다. 콜린스에 따르면 한 기업의 성공에 자주 행운과 불행이 중요한 역할을 한다. 우연의 중요성을 인정하지 않고 자신의 능력을 과대평가하는 기업은 위험하다. 그런 기업은 성장하기만을, 점점 더 많은 것을 얻기만을 원한다. 이 기업에는 이것이 성공이다. 이런 기업은 보통 위험을 인지하지 못하고 너무 빨리 성장하는 분야에서 생긴다. 이런 기업은 중요한 자리에 적당한 인물을 찾지 못하면 망하기 시작한다. 실적이 나빠지면 그 진짜 원인을 찾는 것을 거부한다. 그리고 일시적이거나 경기순환의 주기적인 문제라고만 말한다. 경영진은 책임을 외부 요인으로 돌린다.

뭔가를 이루었을 때, 특히 행운이 성공에 큰 기여를 했을 때 우리 가운데 얼마나 많은 사람들이 그것에 감사하는 마음을 가지는가?

중국의 고전인 노자의 『도덕경』은 물의 모든 미덕을 갖춘 사람을 현인이라 불렀다. 그런 사람은 자신을 드러내지 않기 때문에 어디서나 그를 볼 수 있다. 그는 자신을 규정하지 않기에 다른 사람에 비해 두드러져 보인다. 그는 자기가 계획한 것을 뽐내지 않기에 그것을 이루어 낸다. 그는 자기 업적을 자랑하지 않기에 그의 업적은 영원히 지속된다. 그는 누구와 경쟁하지 않기에 하늘 아래 그 누구도 그와 싸울 수 없다.

성공은 휴머니즘에 기초한다

오늘날 세계시장에서 성공한 사업가들은 수학 능력이나 사업적 수완만이 아니라 외국어 능력이나 전통과 역사에 대한 친숙성 및 다른 사람의 입장이 되어 보는 능력을 통해서도 두각을 나타낸다. 르네상스 시대에는 이런 사람을 휴머니스트라 불렀다. 레오나르도 다 빈치가 오늘날 살아 있다면, 그는 아마 공과대학 교수 자리 하나 정도는 꿰찼을 것이다. 왜냐하면 그는 자신을 휴머니스트라 생각했기 때문이다.

휴머니즘이라는 개념은 인간이 답변을 할 수 있는 질문들을 총괄하는 명칭(인문주의)으로 이탈리아 르네상스 시대에 생겼다. 르네상스 휴머니즘에서 비르투(Virtu), 즉 미덕은 다재다능함을 의미했다. 그 당시에는 한 사람이 여러 분야에 능통하고 새로운 생각에 열려 있는 태도를 취하는 것을 높이 평가했다. 휴머니스트들은 진짜 칭찬을 들으려면 가능한 위대한 업적을 올려야 한다고 생각했다. 이것이 수도원으로 들어가 기도와 명상을 하며 은거하는 것을 중시했던 중세시대 '정신적 삶'이라는 이상과는 대립되는 '활동적 삶'(vita activa)이라는 이상이다.

15세기 플로렌스(피렌체) 지방에 있었던 은행가 가문인 메디치(Medici) 가는 유럽 최고의 부자였다. 지오반니 디 비치 데 메디치(Giovanni di Bicci de' Medici)는 보통 정직하고 너그러우며 인간미 넘치는 남자로 알려져 있었다. 그는 자기 이미지를 조작하지 않았다. 그는 교황을 후원함으로써 메디치 가의 권력을 위한 토대를 닦았다. 그의 아들 코시모 데 메디치(Cosimo de' Medici)는 고전적 교양이나 세계를 이해하고자 하는 인간의 노력을 존중했다. 다른 말로 하자면 그는 휴머니스트(인문주의자)였다.

개인적 명예를 탐하지 않았다는 점에서 그는 특별한 통치자였다. 그는 결코 중심인물이 되고자 하지 않았지만 재능 있는 휴머니스트들을 플로렌스에서 중요한 지위에 오르게 해 주었다. 평범한 사람들은 그를 좋아했고 신뢰했다. 당연히 그에게도 적들이 있었다. 영향력 있었지만 충동적이고 자만심에 가득 찼던 리날도 알비치(Rinaldo di Messer Maso Albizzi)는 이 도시의 의회를 움직여 메디치 가문을 플로렌스에서 추방하려 했다. 하지만 알비치 정부는 곧 보잘것없을 정도로 힘이 없다는 것이 입증되었다. 메디치 가의 재정 지원이 끊기자 도시의 재정은 파탄이 났다. 메디치 가는 다시 돌아왔고, 알비치 가는 파문당했다. 이로써 플로렌스의 황금기가 시작되었다. 이탈리아 도시국가들은 권력을 유지하기 위해서 용병이 필요했다. 하지만 플로렌스는 그렇게 하지 않았다. 코시모는 막후 실력자로서 뒤에서 영향력을 행사했다. 시기심에 의한 중상모략을 피하기 위해서 그는 어느 누구보다 세금을 많이 냈다. 그는 과도한 통제를 원치 않았고 너무 부담스러운 행정개혁도 하지 않았지만 도시 재정은 꼼꼼하게 챙겼다. 그는 야단스럽게 나타나는 것을 피했고 출세욕에 불타는 연설가들이 자신의 나르시즘적 욕망을 해소할 기회를 주었다. 하지만 막후에서 그는 메디치에게 충성을 다했던 사람들을 행정부에 넣어 주었다.

평범한 시민들은 코시모가 플로렌스 역사상 처음으로 능력 있는 사람이라면 신분과 상관없이 고위직에 임명하는 것을 지지했다. 그는 플라톤을 모범 삼아 그리스의 학자들을 영입하여 플로렌스에 아카데미를 창설했다. 플로렌스에 도서관을 짓기 위해 그는 유럽과 근동지역에서 새로운 자료들을 들여와 이 도서관을 단시간 내에 세계에서 가장 중요한 곳으로 만들었다. 아버지와 마찬가지로 그도 엄청난 돈을 공공건물이나 조각에 투자했다. 가장 중요한 프로젝트는 화려한 성당을 짓는 것이었다.

코시모, 아들 피에로(Piero), 그리고 손자 로렌초(Lorenzo)는 예술가들을 존경했다. 예술가들은 그들에게 대단히 귀한 대접을 받았다. 조각가 도나텔로가 코시모 옆에 묻히기를 원했을 정도였다. 보티첼리는 로렌초의 초상화를 그려 인간들의 기억에 영원히 남게 만들었다.

로렌초 데 메디치(Lorenzo de' Medici)는 아주 인기 있는 인물이었다. 그는 글을 쓰거나 플라톤을 연구하며 리라를 연주하고 건축물을 스케치하기도 했다. 그는 미켈란젤로나 레오나르도 다 빈치를 후원했다. 그는 플로렌스 도서관을 확장했고 대학에 지원금을 더 많이 주었다. 임종 자리에서 로렌초는 피코 델라 미란돌라(Pico della Mirandola)에게 도서관 확장 사업을 더 이상 돕지 못해 미안하다고 말했다.

플로렌스의 이런 지적 과학적 부흥은 플로렌스의 문화적 다양성에 대해 후에 리나쉬멘토(rinascimento)라는 말로 부를 정도로 찬양되었다. 라나쉬멘토란 인간 정신의 부활, 즉 르네상스를 의미한다.

메디치 가문의 강점은 감정이입 능력이었다. 이 능력은 인간의 창조성을 고무하고 그에 대해서 보상을 할 줄 알게 만들었다. 이것이 르네상스를 만들었다. 상대방의 입장을 이해할 수 있는 능력은 모든 사업에서 성공할 수 있는 핵심 요소이기도 하다. 지적이거나 창조적인 활동을 후원하면 경우에 따라 몇 세기가 흐른 후에 경제적으로 긍정적인 결과나 나올 수 있다. 플로렌스의 유적을 보러 수많은 관광객들이 땀을 흘리며 긴 줄을 서게 될지 누가 알았겠는가? 나와 다른 방식의 삶이나 다른 생각을 참고 받아들이면 보통 문화나 경제적으로 유익한 결과를 낳는다. 수많은 위대한 발명품들은 서로 다른 과학 분야들의 생산적 마찰(갈등)을 통해 탄생했다.

관용을 베푸는 사람이 성공한다

에르빈 슈뢰딩어에 따르면, 이오니아 지방 학자들이 과학적 사유를 시작한 데는 3가지 요소가 작용했다. 첫째, 이 지역에는 큰 나라가 들어서지 않았다. 보통 큰 나라는 다른 나라와 적대관계에 있게 된다. 둘째, 실용적인 문제들과 연관된 아이디어들—항해술, 운송술, 기술—은 보통 장사와 연관되어 전달된다. 셋째, 사제계급이 과학 연구에 부담이 되지 않았다. 바빌로니아나 이집트와는 달리 이오니아에는 오로지 자기들의 권력 유지에만 관심이 있는 특권층인 사제계급이 없었다. 그리스 사람들은 지혜를 얻는 것을 좋아했고 이를 얻기 위해 경쟁했다. 자기 비판을 하는 것도 가능했다.

송나라 시대는 장구한 중국 역사상 가장 번영했던 시기였다. 전쟁이 없는 태평성대가 유지되자 식량생산량도 증가하고 인구도 늘었다. 이 시대는 인쇄술과 지폐와 같은 중요한 발명품들이 수없이 많이 쏟아졌다. 책의 인쇄는 백성들의 관심을 유발시켜 대부분의 사람들이 글을 읽을 수 있게 했다. 개인 간의 장사가 활발하게 이루어지면서 모두가 잘 살게 되었다. 1200년 항저우는 아마 세계에서 가장 큰 도시였을 것이다. 인구 2백만의 이 도시는 그 당시 런던보다 네 배나 큰 도시였다.

송나라는 외국과의 무역에 관대한 입장이어서 국가의 부는 더 **빠르**게 불어났다. 무역량을 늘이기 위해 페르시아와 아라비아 상인들에게 세금까지 감면해 주었다. 그들이 중국에 지점을 내는 것도 허락해 주었다. 중국인들은 외국인들이 중국의 풍습을 배워 익히기만 하면 아무 문제없다고 생각했다. 송나라는 징기스칸이 중국을 공격하자 멸망했다.

8세기에 아랍어는 무역의 언어이자 권력의 언어였다. 아랍인들은 지브롤터부터 스리랑카까지 비단과 향신료 무역을 지배했다. 그들은 아프리카에서 금과 상아를, 북구에서는 모피를 들여왔다. 다마스커스와 바그다드는 수학, 문학, 예술, 천문학이 세계에서 가장 발달한 중심지였다.

아랍인들과 거래하기 위해 유대인들은 중국까지 왔으며, 인도 연안의 도시 코치엔 오늘날에도 향신료 가게가 있는 유태인 거리가 남아 있다.

기독교의 한 종파인 네스토리우스 파(Nestorianer) 신자들은 이단으로 몰려 이스탄불에서 추방되었다. 이들은 바그다드에 자리 잡게 되는데, 그 이유는 이들이 학식이 있는 민족이라고 알려져 있어 이슬람 교도들이 이들을 친절하게 받아들였기 때문이다. 네스토리우스 교도들은 그리스 로마의 학문이나 의학 서적, 즉 그리스 철학자 아리스토텔레스나 의학자인 갈레노스가 쓴 책을 가지고 왔다. 바그다드는 학문과 무역의 중심지로 성장했다. 압바스 왕국의 전 지역에서 학자들이 새로운 지식을 배우기 위해 바그다드로 왔다. 11세기에 바그다드는 거의 백만 인구에 육박하면서 세계에서 가장 큰 도시가 되었다.

그 당시 아랍인들이 외국 문화에 너그러운 마음으로 관용을 베풀고 학문을 높이 평가했기 때문에 아랍문화는 꽃이 폈다. 아랍인들과 비교해서 기독교인들은 같은 종교를 믿는 교우들에게도 너그럽게 대하지 않았다.

이탈리아의 다른 도시국가는 모략을 꾸며 시민들을 쫓아내거나 살해했던 반면, 베니스는 5백 년 이상 동안 이런 일들과는 거리가 멀었다. 베니스는 실력 있고 학식이 있는 사람들을 공무원으로 선발했다. 이들은 공무원 임명을 거부할 수 없었으며 스스로 퇴직할 수도 없었다. 관리들의 행정보직은 계속 순환되어 누구나 모든 부서의 업무를 잘 알도록 했다. 베니스는 무역의 중심지이자 비교적 관용적인 도시국가였다. 그리스정교회 신자나 프로테스탄트 신자, 알바니아인, 유대인들이 각자 자기 종교나 관습을 자유롭게 유지할 수 있었다. 무게나 용량을 항상 조사하여 장사를 정직하게 하는지 엄격하게 감독했다. 거짓 광고나 저질 제품에 대해서는 적절한 조치를 취했다. 이런 모든 것이 베니스를 16세기의 싱가포르로, 부유하며 국제적인 섬 국가로 만들었다.

네덜란드를 17세기 경제 강국으로 부상시킨 것은 자유주의적이고 기업친화적인 사회 환경 덕분이었다. 유럽의 다른 국가에서는 종교전쟁이 터지고 마녀사냥이 횡행하고 있는 동안 무역도시 암스테르담은 이와 정반대의 세계였다. 가령 라이덴 대학 같은 네덜란드 대학들의 교육 수준은 매우 높았다. 출판 활동도 활발해서 많은 네덜란드 인들이 글을 읽거나 쓸 수 있었다. 다른 유럽 국가들은 대다수 국민이 문맹이었다. 네덜란드의 상선(商船)은 유럽 다른 상선보다 세 배나 컸다.

인도 무굴제국의 통치자들 가운데 악바르(Akbar) 왕은 마음이 넓고 관용적인 사람이었다. 그는 코란에 따라 힌두교도들이 비 이슬람 신도들이 내야 하는 세금을 면제해 주었다. 그는 힌두교 전통을 받아들여 힌두교 식으로 머리를 길게 길렀으며, 라지푸트식 터번을 착용하기도 했다. 악바르는 수니파 아버지와 시아파 어머니 사이에서 태어났다. 그의 관심은 교육과 책이었다. 그는 학식 높고 너그러운 스승들과 조언자들을 신뢰했고 자식들도 좋은 통치자로 길러내려고 했다. 어느 한 편지에서 그는 아들 무라트(Murat)에게 다음과 같이 가르쳤다. "종교의 차이가 정치에 영향을 미치게 해서는 안 된다. 폭력적인 방법으로 복수하지 말라. 자기 일을 잘 알고 있는 사람들로 구성된 자문회의를 만들어라. 잘못했다고 분명하게 말하는 사람의 사과는 받아들여라." 신뢰를 보여주고, 권한을 위임하며, 적을 약하게 만드는 대신 동맹자로 만듦으로써 악바르는 왕국을 평화롭고 굳건하게 다스렸다. 긍정적인 의미로 그는 무굴제국에서 가장 위대한 통치자였다.

위에서 언급된 모든 문화들은 전성기를 누리다가 편협함과 경제적

232

비양심으로 인해 종말을 맞았다. 보통 어떤 공동체, 조직 혹은 문화가 권력을 독점하지도 않고 지도적 위치를 유지한 기간이 길면 길수록 더 개방적이고 관용적이었다. 다양한 의견, 비판, 소수 의견, 새로운 생각을 받아들일 여지를 두면 그 문화는 활력과 모든 정치가들이 염원하는 경쟁력을 얻게 된다.

전해 내려오는 말에 의하면 그리스 철학자 키네아스(Cineas)는 피로스(Pyrrhos) 왕과 함께 전쟁과 여러 전투에 대해 이야기를 나누었다. 키네아스는 피로스 왕이 로마를 이길 경우 이 전투 결과를 어떻게 이용할 것인지 물었다. 왕은 이탈리아의 중요성, 부, 위대함을 설명함으로써 이 물음에 답했다. 키네아스는 왕에게 로마 정복 외 다른 계획이 더 있는지 물었다. 피로스 왕은 로마 정복에 이어 시칠리아를 정복하여 그 섬에 사는 사람들과 그들의 부를 자기에게 예속할 수 있었으면 한다고 대답했다. 여기서 이긴다면 카르타고나 북아프리카까지 정복할 수 있을 것이라고 덧붙였다. 키네아스가 왕에게 그다음에는 무엇을 할 것인지 묻자 피로스 왕은 웃으며 다음과 같이 말했다. "그렇게 되면 우리는 평화롭게 살면서 매일 좋은 술을 마시고 신뢰감 넘치는 대화로 우리 마음을 기쁘게 만들 것이오." 이에 대해 키아네스는, 피로스 왕은 이미 이 모든 것을 이루었고 그가 다시 피를 흘리는 대신 지금 이 상태를 즐기는 것을 방해할 사람은 아무도 없다고 말했다.

성공의 토대는 지식의 가치를 인정하는 것이다

국제회의 석상에서 핀란드 초등학교가 국제학업성취도평가(PISA-Study)에서 탁월한 성적을 올렸다는 결과가 소개되자 로마에 살고 있는 이탈리아 대표단은 다음과 같이 시사하는 바가 많은 반론을 제기했다. "잘 됐군요, 좋아요. 그런데 누가 핀란드에서 살고 싶어 해요?"

핀란드 초등학교가 올린 성과는 1년에 인구 1인당 한 권의 책도 제대로 읽지 않는 이탈리아 인들을 곤혹스럽게 만들었다. 곤혹스러운 건 자기들이 거의 모든 면에서 세계의 모범국가라고 여기고 있는 스웨덴도 마찬가지일 것이다. 스웨덴의 학자 가브리엘 헬러 살그렌(Gabriel Heller Sahlgren)은 2015년 9월 워싱턴 케이토 연구소에서 한 연설에서 핀란드가 국제학업성취도평가에서 좋은 성적을 거둔 것은 스웨덴 문화의 영향을 받은 덕분이라고 주장했다. 그는 청중들에게 스웨덴이 핀란드를 지배한 역사가 있기 때문에 자신은 핀란드 교육 제도에 관심이 많다고 말했다. 살그렌은 핀란드를 방문할 때마다 그곳이 40년 전 스웨덴의 모습을 하고 있다는 느낌을 지울 수 없다고 연설했다.

핀란드는 교사들의 높은 동기 부여와 좋은 양성 시스템에서 일군 국제학업성취도평가 결과에 대해 자부심을 느끼고 있다. 하지만 오늘날 IT 핀란드에서는 신기술 기업의 성공 역시 평등한 무상교육 체계에 기초하고 있다는 것을 쉽게 까먹고 있다. 지식을 공짜로 전할 수 있다는 것은 현금과 같은 가치를 지니는 이점이다.

스칸디나비아에서 무상교육은 너무 당연한 것이다. 너무 당연하다 보니 이것의 가치를 평가하는 사람들이 매우 드물다. 무상교육의 도움으로 고액 연봉을 받는 일자리를 얻은 사람은 자신이 세금으로 어떤 개인적인 혜택을 입었는지 잘 까먹는다. 좋은 해결 방법은 그것들이 없어졌을 때라야 비로소 가치를 인정받는다. 개발도상국에서 털털거리고 돌아가는 발전기를 통해 불이 들어오는 것을 체험해 본 사람이라면 핀란드의 전력분배 시스템의 가치를 알아챌 것이다. 유감스럽게도 무상교육의 유용성은 여러 해가 지나야 나타난다.

"자유를 갈구하는 민주주의가 자유라는 독주를 너무 과하게 마셔 취하게 되면, 통치자들이 관대하지 않고 과도한 자유를 누리며 어리석은 짓을 범할 경우 배반자나 과두정치가로 몰아 벌해 왔다는 것은 잘 알려진 사실이다. (……) 아버지는 소년처럼 행동하는 데 익숙하고 아들들을 겁낸다. 반대로 아들은 아버지 노릇을 하고 아버지를 무서워하거나 그 앞에서 부끄러워하지 않는다. 왜냐하면 그들은 자유를 누리려고 하기 때문이다. (……) 스승이 제자들을 두려워하고 그들의 비위를 맞추어 주며, 제자들은 스승이나 교육자의 말을 따르지 않는다. 젊은이들이 늙은이 역할을 하고 늙은이들과 말과 행동으로 경쟁을 벌이는 반면, 늙은이들은 젊은이의 무리에 들어가 젊은이들처럼 농담도 하고 장난도 치면서 함께 어울린다. 왜냐하면 그들은 까다로운 사람이라거나 훌륭한 사람이라는 인상을 주기를 원치 않기 때문이다."

이 말은 현시대를 잘 드러내 주고 있는 말처럼 보인다. 하지만 이것은 2500년 전 플라톤이 한 말이다. 만약 플라톤이 학생과 학부모들이 자기 권리를 의식하며 비판하고 불만을 터트릴 기회를 놓치지 않는 현재 스칸디나비아의 학교생활을 본다면 어떻게 생각할까?

핀란드 학교가 올린 성과에 압도된 외국 대표단에게 이렇게 좋은 성과를 얻은 대가로 선생님들이 받은 것은 학급당 학생 수의 증가, 봉급인상의 포기, 언론의 지속적인 헐뜯기였다. 나는 공무원들을 이해하기 어렵다.

무자비한 지배자조차도 새로운 것을 배우는 것에 관심을 가졌기에 권력을 유지할 수 있었다. 징기스칸은 무자비한 살인마였지만 평생 자신을 도왔던 사람들에게는 신의를 지켰다. 그는 자신의 뜻을 받드는 사람을 장군으로 임명하며 챙겼다. 그의 군대가 왕에게 보인 충성심은 확고했다.

징기스칸은 부하가 세운 공을 잊는 법이 없었다. 그는 사회적 지위나 신분에 상관없이 용감하고 충성스러운 사람에게는 상을 내렸다. 그는 권력을 위임하거나 나눌 줄 알았다. 그는 권력에 눈이 멀어 어리석은 짓을 하지 않았고 평생 아무런 사치 없이 힘든 유목민의 삶을 영위했다. 그의 재위기간에는 목동들도 장군이 되었고, 적들까지 관리로 임명되었다. 징기스칸은 인종주의자가 아니었다. 몽골사람이 아니라도 몽골사람들과 똑같이 상을 받았다. 페르시아 인, 한국인, 코카서스 인, 이라크 인, 중국인, 인도인, 심지어 유럽인까지 그에게 충성을 바쳤다. 그는 이들이 공을 세우면 편견 없이 평가했다.

티무르는 글을 모르는 도살자였고, 결코 편한 사람이 아니었다. 하지만 그는 책을 많이 읽고 학식이 높은 학자들을 존중했다. 그는 정복한 도시를 무자비하게 파괴했지만, 작가, 예술가, 수공업자, 건축가, 학자들은 괴롭히지 않았다. 아시아 모든 지역에서 학자들이 수도인 사마르칸트로 왔다. 유명한 아랍 여행자인 이븐 할둔(Ibn Khaldun)도 티무르의 지식욕에 경의를 표했다. 그는 1401년 다마스커스를 포위하고 있을 때 티무르를 만났다. 할둔에 따르면, 티무르는 매우 지적이었고 자신이 알고 있는 주제는 물론이고 아직 모르고 있는 주제에 대해서도 토론하는 것을 좋아했다.

티무르는 아랍어로 부족장이라는 뜻의 아미르(Amir)로 자신을 겸손하게 불렀다. 이렇게 그는 유목민족의 전통을 이어가려 했다. 그는 모든 원정을 직접 지휘했고, 부하들과 동고동락하며 똑같이 불편한 야전 생활을 했다.

칼 대제는 지식인들을 존중하고 이들을 이용할 줄 알았다. 그는 호기심이 많았고, 종교나 지식에 대한 대화에 빠짐없이 참가하는 것을 중시했다. 그는 신학자인 알쿠인과 친밀한 관계를 유지하다가 결국 그를 스승으로 모셨다. 알쿠인은 자기 생각을 단호하게 말하는 위대한 인물이었다. 알쿠인은 결코 황제 앞에서도 자기를 숙이지 않았다. 황제는 그의 직설적인 충고도 모두 받아들였다.

물론 칼 대제나 징기스칸 그리고 티무르보다 더 훌륭하고 더 인간적인 지배자도 있었다. 하지만 이 세 사람의 공통점은 겸손함이다. 그들은 다른 사람의 말을 잘 들었다. 일본 속담에 "말을 하면 아무것도 배울 수 없다"는 것이 있다. 잘 들으면 일반교양뿐 아니라 친구의 숫자도 늘일 수 있다. 잘 듣거나 최소한 그런 척한 사람들만 오랫동안 권력을 누렸다. 그들은 말하는 자에게 묻고, 귀를 세워 듣고, 공감의 눈길을 보낸다. 그들의 카리스마는 말하는 자에게 정말 중요하다는 느낌을 주었기에 생긴 것이다.

예전부터 여러 사업 교본에서는 잘 듣는 것이 비밀의 병기로 나와 있다. 좋은 장사꾼은 인내심이 강하다. 상대의 말이 너무 지겹고 조리 없으며 심지어 어리석다 할지라도 그는 공감한다는 표정을 지을 줄 안다. 진짜 성공한 사람들의 비밀은 다양한 종류의 사람들과 사귀며 그들에게서 뭔가를 배우려 한다는 것이다. 답변을 거절하는 것보다 질문을 던지는 것이 더 어렵다. 하지만 혁신적인 인간과 오만한 인간의 차이는 바로 여기에 있다.

영국 철학자 프랜시스 베이컨은 선입견에서 자유로워지기 위해서 먼저 선입견이 무엇인지 알아야 한다고 했다. 베이컨은 선입견은 미신, 주변 환경, 말의 힘, 맹목적 권위 추종 때문에 생긴다고 보았다. 우리 의식에서 이런 선입견을 모두 제거하면 자연이 우리에게 전달할 수 있는 참된 진리를 받아들일 수 있다.

자만심은 자신의 한계에 대한 무지, 자신이 탁월하다는 왜곡된 생각 때문에 생긴다. 고대 로마에서는 개선 퍼레이드를 할 때 영웅이 된

장군 뒤에 노예 한 명이 따라다녔는데, 그의 임무는 시민의 환호를 받는 그 전쟁 영웅의 귀에다 "우리 모두는 죽을 운명이라는 사실을 잊지 마세요."라고 속삭이는 것이었다.

자신이 불완전하다는 것을 인정하고 자신의 생각까지 포함하여 모든 생각을 비판할 준비가 되어 있는 사람만이 지혜롭다. 하지만 이것은 다른 사람들을 깔보라는 말이 아니다. 기자인 마거릿 미첼의 지인은 그녀가 책을 한 권 써서 서랍에 넣어 두고 있다는 말을 듣자 크게 웃으며 자신이 지금까지 들었던 것 가운데 가장 어리석은 짓이라고 단언했다. 그것은 물방울을 모아 통을 흘러넘치게 만드는 것처럼 바보짓이라는 것이었다. 미첼은 서랍에서 이 소설의 원고를 꺼내 출판사에 보냈다. 그녀의 소설 『바람과 함께 사라지다』는 그 이후로 3천만 부나 팔렸다. 미첼은 지인의 조롱기 있는 웃음에 가장 좋은 방법으로 대응했기 때문에 성공을 거두었다. 그녀는 자신을 믿었던 것이다. 하지만 우리가 자신에 대해서 좀 더 냉철하고 다른 사람들을 좀 덜 비웃는 법을 배우게 된다면 세계는 좀 더 살기 좋은 곳으로 변하게 될 것이다.

고대 철학자 아리스톤(Ariston von Chios)은 이미 2200년 전에, 기대하지 않았던 행운이 찾아왔던 일들을 기억하면 오만함을 벗어날 수 있다고 했다. 우리에게는 늘 행운이 따르는 것이 아니기 때문에 자부심을 느낄 만한 일을 했을 때 겸손할 줄 아는 법을 배워야 하고, 힘든 일을 당했을 때 용기를 내는 법을 배워야 한다. 높은 자리에 오른 사람들이 다른 사람을 동등하게 대하고 그들을 강제하지 않으면 더 위대해 보인다. 왜냐하면 위대함이란 분명하고 인간적이며 공감 어린 행동을 할 때 나타나는 것이기 때문이다.

옮긴이의 말

이 책은 성공한 사람들이 가장 쉽게 빠지는 오류인 "오만함"의 여러 측면을 다룬다. 핀란드 작가 아리 투루넨은 오만함을 여러 범주로 나누고, 그 사례를 동서양의 역사에서 찾아낸다. 그중에는 우리가 잘 알고 있는 사례들도 있지만, 지금까지 우리에게 잘 알려지지 않은 역사적 사실, 혹은 우리에게 잘 알려진 인물들의 흑역사도 있다.

성공한 사람들은 대부분 자신이 이룬 업적에 취해 쉽게 자만하거나 우월감에 빠지게 된다. 이 경우 이들은 쉽게 주변 사람들을 무시하고, 자신이 그들보다 우월하기 때문에 함부로 대해도 된다고 생각한다. 이들은 세계가 자신을 중심으로 돌아간다고, 자신이 속한 곳이 세계의 배꼽이라고 쉽게 착각한다.

이런 사람들의 공통된 특징은 성공에 취해 다른 이들과 소통하지 않는 것이다. 타인의 비판에 귀를 막고, 자신은 절대 실수하지 않는다고 맹신하며, 다른 사람의 능력이나 생각을 무시하고, 자신의 실수를 인정하지 않고, 당연히 사과하는 법도 없다. 그래서 이들의 성공이 오히려 오만함, 곧 "소통의 부재"라는 실패의 원인을 제공하게 된다. 성공 전의 건강한 자신감도 성공 후엔 병적인 오만함으로 쉽게 변질되는데, 이러한 변화는 동서

241

고금을 막론하고 인간이 지닌 속성인 듯하다.

이 책의 내용들이 생생하게 다가오는 이유는 우리 사회에 직접적인 영향을 미쳤던 사건이나 익히 귀에 익은 이름들이 등장하는 탓이기도 하지만, 자기보다 약한 상대를 무시하고 괴롭히는 '갑질'이 지금 우리 사회의 가장 큰 병폐로 지목되고 있기 때문이기도 하다. 사건이 벌어지는 무대만 바뀌었을 뿐 마치 거울을 보고 있는 듯한 이 낯설지 않은 갑질의 풍경들은 성공한 이들의 오만함과 그로 인한 파국이 비단 지금 우리 사회의 문제만은 아니라는 걸 알게 해준다.

이 책의 독자들은 오만한 자들의 역사를 아는 것에 머무르지 않고, 그들의 사례에서 교훈을 얻어 자신이 이룬 성공을 지속시켜 나갈 수 있을까. 아리 투루넨은 이를 위해 '겸손의 기술'을 제시한다. 성공은 능력의 문제이기도 하지만 행운이 큰 몫을 차지한다는 사실을 가장 먼저 강조하고, 따라서 자신의 불완전함을 인정하고 상대방을 존중하며, 마음을 열고 타인들과 소통하는 힘을 키워야만 자신이 이룬 성공을 지켜나갈 수 있다고 말한다.

사람들은 역사에서 아무것도 배우지 못한다는 말이 있다. 그러나 어떤 역사에서든 교훈을 얻는 사람은 있게 마련이고, 그것을 제대로 삶에 적용한 사람의 인생은 달라질 것이다. 이 책이 그런 계기를 마련해줄 수 있기를 기대한다.

참고문헌

Gordon W. Alpport(1971) : Die Natur des Vorurteils (『선입견의 본성』). Kiepenheuer & Witsch, Köln.

Karsten Alnaes(2003) : Oppväkning. Historien om Europa, Oslo.

Michael Argyle(1994) : The Psychology of Interpersonal Behaviour(『대인 행동 심리학』). Penguin, London.

Aristoteles(2006) : Nikomachische Ethik. (『니코마코스 윤리학』) Aus dem Griechischen von Ursula Wolf. Rowohlt, Reinbek.

David Attenborough(2002) : Life on Air, BBC, London.

Sverre Bagge(1984) : Højmiddelalderen. Kopenhagen.

Jacques Barzun(2000) : From Dawn to Decadence(『새벽부터 타락까지』). 1500 to the Present 500 years of Western Cultur life. HaperCollins, London

William Bernstein(2008) : A Splendid Exchange(『화려한 교환』). How Trade shaped the world. Atlantic Books, London.

Bill Bryson(1990) : Mother Tongue(『모국어』). The English Language. penguim, London.

D.M. Buss(1997) : Die Evolution des Begehrens. Geheimnisse der Partnerwahl. (『열망의 진화. 배우자 선택의 비밀』) Goldmann, München.

Jonathan Clements(2005) : The Vikings. (『바이킹』) Robinson, London.

Jonathan Clements(2007) : The First Emperor of China(『진시황』). Sutton, Gloucestershire.

Jim Collins(2009) : How the Mighty Fall(『위대한 기업은 어떻게 몰락했는가』). And Why some Companies Never Give in. Harper Collins, New York.

Richard Conniff(2003) : Magnaten und Primaten. (『실력자와 우월자』) Über das Imponiergehabe der Reichen. Blessing, München.

M.Daly und M. Wilson(1983) : Homicide. (『살인』) Aldine de Gryeter, New York.

Jared Diamond(2014) : Kollaps. Warum Gesellschaftn überleben oder untergehen. (『붕괴. 왜 어떤 사회는 살아남거나 몰락하는가』) Fischer, Frankfurt a,.M.

Mircea Eliade(2007) : Kosmos und Geschichte. Der Mythos der ewigen Wiederkehr. (『코스모스와 역사. 영원회귀의 신화』) Verlag der Weltrelegionen, Frankfurt a.M.

Abraham Eraiy(2004) : Gem in the Lotus. The Seeding of Indian Civilisation. Phoenix, London.

Joe Eszterhas(2004) : Hollywood Animal. (『할리우드 동물』) Aus dem Englischen von Hans Freundl Random House, München.

Anthony Everitt(2006) : The First Emperor (『최초의 황제』). Cesar Augustus and he Triumph of Rome. John Murray, London.

Ian Fleming(1964) : Thrilling Cities(『황홀한 도시』), Cape, London.

Egon Friedell(1989) : Kulturgeschichte der Neuzeit I. (『근대문화사1』) Einleitung, Renaissance, Reformation. C.H.Beck, München.

Egon Friedell(1989) : Kulturgeschichte der Neuzeit II-III. (『근대문화사2–3』). C.H.Beck, München.

Hartvig Frisch(1928) : Europas kulturhistorie. (『유럽문화사』) Koppel, Kopenhagen.

Bamber Gascoigne(1973) : Die Großmoguln, Glanz und Größe mohammedanischer Fürsten in Indien. (『위대 무굴인, 인도 이슬람 제후들의 영광과 위대함』). Callwey, München.

Bamber Gascoigne(1974) : Das kaiserliche China und seine Kunstschätze. (『중국 국보급 예술작품』) Molden, Wien.

Azar Gat(2008) : War in Human Civilization. (『인류 문명의 전쟁』) Oxford University Press, Oxford.

Henry Louis jr.Gates(1986) : Race, Writing and difference (『인종, 글쓰기 그리고 차이』) The Chicago University Press, Chicago.

Harry G. Gelber(2007) : The Dragon and the Foreign Devils. China and the World, 1100 BC to the Present. (『용과 외국의 악마』) Bloomsbury, London.

T.R. Gerholm und S. Magnusson(1983) : Ajatus, aate ja yhteiskunta. WSOY, Helsinki.

Marc Gerstein und Michael Ellsberg(2008) : Flirting with Disaster (『위험한 일에 덤 비다』) Union Square Press, New York.

Clarence Glacken(1976) : Traces on the Rhodian Shore. Nature and Culture in Westerb Thought from Ancient Times to the End of the Eighteenth Century. (『로도스섬 해안의 흔적』) University of California Press, Los Angeles.

Jonathan Glover(1999) : Humanity. A Moral History of the Twentieth Century (『휴머니티. 20세기 도덕의 역사』). Pimlico, London.

Laurence Gonzales(2003) : Deep Survival. Who lives, Who Dies, and Why. True Stories of Miraculous Endurance and Sudden Death. (『생존』) W.W.Norton&Company, New York und London.

Johan Goudsblom(2000) : Die Entdeckung des Feuers. (『불의 발견』). Insel Verlag. Frankfurt a. M. und Leipzig.

Kalle haatanen(2005) : Pitkäveteisyyden filosofiaa. Atena, Jyväskylä.

Matthew Hayward(2007) : Ego Check. Why Executive Hybris is Wrecking
        Companies and Careers and How to Avoid the Trap. (「에고 체크」) Kaplan,
        Chicago.

Chip Heath und Dan Heath(2008) : Was bleibt. Wie die richtige Story Ihre Werbung
        unwiderstehlich macht. (「남은 것」). Aus dem Englischen von Heike Schlatterer.
        Hanser, München.

Peter Heather(2007) : Der Untergang des Römischen Weltreichs. (「로마제국의 몰락」).
        Aus dem Englischen von Klaus Kochmann. Klett-Cotta, Stuttgart.

Judith Herrin(2013) : Byzanz. Die erstaunliche Geschichte eines mittelalterlichen
        Imperiums. (「비잔틴제국. 중세제국의 놀라운 역사」) Aus dem Englischen von Karin
        Schuler. Reclam, Stuutgart.

Christopher Hibbert (1974) : The Rise and Fall of the House of Medici. (「메디치가문의
        흥망성쇠」) Penguin, London.

Geoffrey Hindley(2008) : A Brief History of the Magna Charta. The Story of
        the Origins of Liberty. (「대헌장의 짧은 역사. 자유의 기원에 관한 이야기」)
        Constable&Robinson, London.

Robert Hughes(1992) : Barcelona. Stadt der Wunder. (「바르셀로나. 기적의 도시」) Aus
        dem Englischen von Enrico Heinemann. Kindler, München.

Paul Johnson(2003) : Napoleon. (「나폴레옹」) Phoenix, London.

Tobias Johnes(2004) : Italien-das dunkle Herz des Südens. Ein kritische
        Libeserklärung. (「이탈리아, 남구의 검은 심장」) Aus dem Englischen von Christian
        Kennerknecht. Kindler, Berlin.

John Keay(2001) : India. A History. (「인도 역사」) HarperCollins, London.

Hannele Klemettilä(2008) : Keskiajan julmuus. Atena, Jyväskylä.

John Krakauer(2003) : In eisige Höhen. Das Drama am Mount Everest. (『얼음산 꼭대기로. 에베레스트 산의 드라마』) Aus dem Englischen von Stephan Steeger. Pipper, München.

Joris lammers, Adam D, Galinsky u.a.(2010) : Illegitimacy Moderates the Effects of Power on Approch, in: Psychological Science, band 19, Heft 6, S. 558-564.

David Landes(2006) : Die Macht der Familie. Wirtschaftsdynastien in der Weltgeschichte. (『가문의 권력. 세계사의 경제왕조』) Aus dem Englischen von karl Heinz Silber. Siedler, München.

Niccolò machiavelli(2014) : Der Fürst. (『군주론』) Aus dem Italienischen von Philipp Rippel. Reclam, Stuttgart.

John Man(2004) : Genghis Khan. Life, Death and Resurrection. (『징기스칸, 생애, 죽음, 부활』)Bantam, London.

John man(2005) : Attila the Hun. S barbarian King and the Fall of Rome. (『훈족의 아틸라. 야만족 왕과 로마 제국의 몰락』)Bantam, London.

David marcum und Steven Smith(2009) : Egonomics. What makes ego our greatest asset(or most expensive liability). (『에고노믹스』)Pocket Books, London.

Justin marozzi(2004) : Tamerlane. Sword of Islam, Conqueror of the World. (『티무르. 이슬람의 칼. 세계의 정복자』) Harper Perennial, London.

Larry McDonald und Patrick Robinson(2010) : Dead Bank Walking. Wie Lehman Brothers Zusammenbrach. (『은행의 몰락. 리먼 브라더스는 어떻게 파산했나』). Aus dem Englischen von Friedrich Griese. Hoffmann&Campe, Hamburg.

Bethany McLean und Peter Elkind(2004) : The smartest Guys in the Rooms. (『방에서 가장 스마트한 남자들』) Portfolio.

Marion Meade(2003) : Eleanor of Aquitane. (『아키텐 공녀 엘레노어』) Phoenix, London.

Howard Means(2001) : Money&Power. The History of Business. (『돈과 권력. 비즈니스의 역사』) Wiley, New York.

C. Wrigt Mils(1962) : Die amerikanische Elite. Gesellschaft und Macht in den
Vereinigten Staaten. (「미국의 엘리트」) Aus dem Englischen von Hans Stern.
Holsten Verlag. Hamburg.

Miitchell et al.: 〈Dissociable Medial Prefrontal Contributions to Judgements of
Similar and Dissimilar〉. Veröffentlicht in: Neuron, Ausgabe 50, 18. Mai
2006, S. 655-663.

Geoff Mulgan(2007) : Good and bad Power. The Ideals and Betrayals of Government.
(「좋은 권력과 나쁜 권력」) penguin, London.

Kitti Müller(2008) : Arivokutinaa. Työterveyslaitos, Helsinki.

David Owen(2009) : In Sickness and in Power: Illness in heads of government during
the last 100 years. (「병과 권력」) Methuen, London.

Jean-Pierre Panouillé(1999) : Carcassonne. Geschichte und Architektur. (「카르카송.
역사와 건축」) Aus dem Französischen von Fabe. Edition Ouest-France, Rennes.

Pekka Peloton(2003) : Miten hävisivät Soneran miljardit. Art House, Helsinki.

Platon(1955) : Der Staat. (「국가」) Aus dem Griechischen von August Horneffer.
Kröner, Stuttgart.

Juha-Antero Puistola und Janne Herrala(2006) : Terrorismi Euroopassa. Terrorism
äärimmäisenä poliittisen, taloudellisen ja kulttuursen turhautumisen
ilmentymänä. Tammi, Helsinki.

Eila Rantonen(1994) : 〈Länsimaisen estetiikan rasismi〉 In: Me ja munt,
herausgegeben von Marjo Kylmänen. Vastapaino, Tampere.

Geoffrey Regan(1998) : Narren, Nulpen, Niedermacher: Militärische Blingänger
und ihre größten Schlachten. (「바보, 학살자」). Aus dem Englischen von Michael
Haupt. Zu Klampen, Lüneburg.

Ruth Reichl(2007) : Falscher Hase. Als Spionin bei den Spitzenköchin. (「하크 브라텐」)
Aus dem Englischen von Theda Krohm-Linke. Limes, München.

Nigel Rogers und Mel Thompson(2007) : Philosophen wie wir. Große Denker menschlich betrachtet. (『우리와 같은 철학자들. 위대한 사상가들에 대한 인간적 성찰』) Aus dem Englischen von Yamin von Rauch. Rogner&Bernhard, Berlin.

Armas Salonen(1964) : Pyhä mea ja Assur: Mooseksen jälkeen. WSOY, Helsinki.

Christopher Sandford(2007) : McCartney. (『매카터니』) Arrow Books, London.

James Schefter(1999) : The Race. The Uncensored Story of How America Beat Russia to the Moon. (『경주』) Doubleday, New York.

Richard Sennett(2008) : Handwerk. (『수공업』) Aus dem Englischen von Michael Bischoff. Berlin Verlag, Berlin.

Beppe Severgnini(2011) : Überleben mit Berlusconi. (『베를루스코니와 함께 살아남기』) Aus dem Italienischen von Bruno Genzler. Blessing, München.

John Simon(2009) : Kone's prince. The Colourful Life of Pekka Herlin. Otava, helsinki.

Richard Stengel(2004) : Handbuch für Schmeichler & Arschkriecher. (『아첨꾼』) Aus dem Englischen von Karin Schuler. Pipper, München.

James B. Stewart(2005) : Disney War. (『디즈니 전쟁』) Aus dem Englischen von Egbert Neumüller. Börsenmedien, Kulmbach.

Paul Strathern(2003) : The Medici. Godfathers of the Renaissance. (『메디치가. 르네상의 대부』) Pimlico, London.

Sun Zi(2011) : Die Kunst des Krieges. (『전쟁의 기술』) Aus dem Chinesischen von Hannelore Eisenhofer. Nikol, Hamburg.

Robert I. Sutton(2006) : Der Arschloch-Faktor. Vom geschickten Umgang mit Aufschneidern, Intriganten und Despoten im Unternehmen. (『회사에서 독재자. 모사꾼 사기꾼 잘 사귀는 법』)

Paul Tabori(1993) : The Natural History of Stupidity. (『어리석음의 역사』) Barnes & Noble, New York.

J. Tangley und K.W.Fischer(1995) : Self-conscious Emotions: The Psychology zu Shame, Guilt, Embarrassment, and Pride. (『자신감』) Guilford, New York.

Steve Taylor(2009) : Der Fall. Vom goldene Zeitalter über 6000 Jahre Niedergang zu einem neuen Bewusstsein. (『몰락, 황금시대로부터 6천년의 몰락을 지나 새로운 의식으로』 Aus dem Englischen von Claudia Fritzsche. Sphinx, München.

Gillian Tett(2009) : Fool's Gold. How the Bold Dream of a small Tribe at J.P.Morgan Was Corrupted by Wall Street Greed and Unleashed a Catastrophe. (『빛 좋은 개살구』) Free Press, New York.

The Little Red Raiders Book(2007). Portico, London. Third European survey on working conditions. http;// eurofound.europa. eu/sites/default/files/ef files/pubodocs/2001/21/en/1/efol21en.pdf.

Oliver Thomson(1995) : A History of sin. (『죄의 역사』) Barnes and Noble, New York.

Tzvetan Todorov(1985) : Die Eroberung Amerikas. Das Problem der Anderen. (『미국 정복. 타자의 문제』) Aus dem Französischen von Wilfried Böhringer.

Philippe Trétiack(2008) : Megalomania. Too Much is Never Enough. (『과대망상. 과유불급』) Assouline, New York.

Voula Tsouna(2007) : The Ethics of Philodemos. (『필로데모스 윤리학』) Oxford University press, Oxford.

Yi-Fu Tuan(1974) : Topophilia. A Study of Environmental Perception, Attitudes, and Values. (『토포필리아』) Prentice Hall, New Jersey.

Barbara W. Tuchman(1984) : Die Torheit der Regierenden. Von Trojas bis Vietnam. (『통치자가 범한 어리석은 짓. 트로이부터 베트남까지』) Aus dem Englischen von Reinhard Kaiser. S. Fischer, Frankfurt a.M.

Ari Turunen(1997) : The Politics of Displaying Geo. The Spatial Order of Ecumenical World Maps. Lisensiaatintutkielma. Lizenziatsarbeit, Universität Helsinki.

Wilbert van Vree(1999) : Meetings, Manners and Civilization. The Development
    of Modern Meeting Behaviour. (『만남, 매너, 문명』) Leicester University Press,
    London.

Peter Watson(2006) : Ideen. Eine Kulturgeschichte von der Entdeckung des Feuers
    bis zur Moderne. (『불의 발견부터 근대에 이르기까지 문화사』) Aus sem Englischen
    von Yvonne Badel. Bertelsmann. München.

Derek Wilson(2006) : Charlemagner. Barbarien& Emporor. (『샤를마뉴 대제. 야만인과
    정복자』) Pimlico, London.

Robert Winston(2002) : The Human Instinct. How our Primeval Impulses Shape
    Our Modern Lives. (『인간 본능』) Bantam, London.

Jonathan Wright(2006) : Ambassadors. From Ancient Greece to the Nation State. (『대
    사들. 고대 그리스부터 민족국가까지』) Haper Press, London.